Die Luft ist blau,
die Blumen blühn

Die Luft ist **blau**
die Blumen blühn

Worte, die der Seele guttun

HERDER

FREIBURG · BASEL · WIEN

Sonderband 2022

Herausgegeben von German Neundorfer

Katharina Barth-Duran

Johann Wolfgang von Goethe

Anselm Grün

Burkhard Heidenberger

Momo Heiß

Arnold Höllriegel

Ludwig Hölty

Susanne Niemeyer

Wolfgang Öxler

Rainer Maria Rilke

Joachim Ringelnatz

Johann Roth

Norbert Roth

Nina Ruge

Heinrich Seidel

Kurt Tucholsky

Beatrice von Weizsäcker

Martin Werlen

Heiner Wilmer

Zhuang Zi

Teresa Zukic

Vorwort

Haben wir das nötig, eine Gebrauchsanweisung für den Frühling? Der österreichische Schriftsteller und Weltreisende Arnold Höllriegel schrieb darüber vor 100 Jahren ein launiges Feuilleton voller knapper Beobachtungen und Aphorismen, die unseren mehr als bemühten Umgang mit der Natur aufs Korn nahmen. Der kurze Text schließt mit der Pointe, dass derjenige, der sich auf die kleinen Steinchen im Moos konzentriert, die Natur womöglich intensiver erlebt als der emsige Tourist, der einen Gipfel nach dem anderen erklimmt.

Zu erleben, wie die Natur zu neuem Leben erwacht und wie sie sich immerfort verwandelt, dazu lädt uns Jahr für Jahr der Frühling ein. Und dazu benötigen wir ganz sicher keine Gebrauchsanweisung. Was wir brauchen, ist allein die Fähigkeit, uns zu öffnen, der Wille, aus alten, eingefahrenen Bahnen auszubrechen, die Bereitschaft, unsere Augen und Ohren und Nasen weit aufzusperren, um endlich wieder wirklich zu sehen, zu hören und zu riechen. Und was uns dann geschenkt wird, ist ein Schritt in ein neues Leben. In ein Leben, das uns mit seiner Schönheit und Fülle überrascht.

Vielleicht können wir vom chinesischen Philosophen Zhuang Zi lernen, der davon träumte, ein Schmetterling zu sein. Als er erwachte, wusste er nicht mehr: War er es, der von einem Schmetterling geträumt hatte, oder hatte ein Schmetterling von Zhuang Zi geträumt? Wenn wir im Frühling das Aufbrechen der Natur erleben, dann erleben wir unser eigenen Aufbrechen. Denn wir sind ja nichts anderes als die Natur.

Lassen wir uns verwandeln – ohne Gebrauchsanweisung. Dazu lade ich Sie, liebe Leserin, lieber Leser, herzlich ein.

German Neundorfer

Inhalt

»Vergessen ist gestern, und morgen ist weit!« Von der Kunst des Genießens

»Und keinen Tag soll man verpassen« Ins Leben treten

»Will dir den Frühling zeigen«
Die Kunst des Hinschauens

Anhang

»Und schaue *froh* die schöne Welt«

Von den Freuden des Frühlings

Frühlingslied

Ludwig Hölty

Die Luft ist blau, das Tal ist grün,
Die kleinen Maienglocken blühn,
Und Schlüsselblumen drunter;
Der Wiesengrund
Ist schon so bunt,
Und malt sich täglich bunter.

Drum komme, wem der Mai gefällt,
Und schaue froh die schöne Welt
Und Gottes Vatergüte,
Die solche Pracht
Hervorgebracht,
Den Baum und seine Blüte!

Aufblühen

Anselm Grün

Im März stehen wir am Übergang vom Winter zum Frühling. Die ersten Frühlingsboten melden sich an, die Schneeglöckchen und Krokusse. An den Sträuchern werden Knospen sichtbar. Nach einer Zeit der Kälte und vielleicht auch der schneebedeckten Wiesen wecken diese Frühlingsboten in uns die Freude über neues Leben, die Freude darüber, dass die Tage länger werden, dass die Wärme die Kälte überwindet, dass die Sonne den Nebel und den Regen ablöst. Wenn wir diese Zeichen bewusst wahrnehmen und meditieren, kommen wir mit unserer eigenen Lebendigkeit in Berührung. Wenn wir durch die blühenden Frühlingswiesen gehen, dann blüht auch in unserem Leib und unserer Seele etwas auf. Aber das werde ich nur erleben, wenn ich mich bewusst darauf einlasse.

Pflanze einen Garten

Susanne Niemeyer

Die Straße ist grau. Die Häuser auch. Es gibt taubengraue Steine und aschgraue Steine. Manche gehen auch ins Fliederfarbene. Ein endlos gemauertes Meer. Wenn es nieselt, ist es besonders grau. Man könnte Inseln brauchen, Blumeninseln. Das Grün in die Stadt zurückholen, weil Grün Hoffnung macht und weil Margeriten schöner sind als Mülleimer und Anemonen heller als Ampeln leuchten. Mit Hacke und Spaten könnte man der festgetrampelten Erde zu Leibe rücken und selbst ernannte Hundeklos umgraben. Rosenbüsche an tristes Mauerwerk pflanzen, Stiefmütterchen auf Verkehrsinseln, Cosmea unter Einbahnstraßenschilder. Wahrscheinlich darf man das nicht. Es gibt sicher Verordnungen. Wildwachsende Blumen sind nicht vorgesehen und

Apfelbäume stören die Sicht. Efeu hält sich nicht an Verkehrsregeln. Dies ist der Moment, an dem du beschließt, eine Revolution zu beginnen. Die Blumenrevolution. Ihr Schlachtruf ist: Die Welt soll erblühen!

Natürlich könntest du dir auch einen Schrebergarten am Stadtrand suchen. Da würde niemand durch die Rabatten trampeln und kein Coffee-to-go-Becher sich langsam im Regen auflösen. Es wäre ein kleines Paradies im Grünen, wo du stets ein schattiges Plätzchen für deine Liege fändest.

Aber dazu sind wir nicht auf der Welt. Wir sind raus aus dem Paradies. Das Leben findet jenseits der Mauer statt. Bebaue! Bewahre!, ist der Auftrag. Mach' die Erde schön! Sieben Milliarden Menschen können nicht in malerischen Bauernkaten draußen auf dem Land leben. Das ist allerdings noch lange kein Grund, sich in der Tristesse einzurichten und auf Graffitisprayer, Straßenbauer und Städteplaner

zu schimpfen. Hinter dem Zaun ist der Rasen immergrüner. Höchste Zeit, auf der eigenen Seite aufzuräumen! Setzt Kohlsprösslinge. Lasst Minze wuchern. Hängt Vogelhäuschen an Straßenschilder und ladet Bienen in Balkonkästen ein.

Natürlich kann man es auch dem Zufall überlassen, ob etwas wächst. Man kann warten, dass sich ein Same in einer Regenrinne ansiedelt, ohne weggespült zu werden. Aber du hilfst nach. Du streust eine Wildblumenmischung in den Wind. Die Erde häufelst du an, gießt genügend, achtest auf Schnecken und Blattläuse. Die Sprösslinge hegst du, solange sie noch zart sind. Und träumst schon mal von Apfelkuchen, wenn die ersten Blätter sprießen.

Du säst einen Anfang. Weil du an den Himmel glaubst, der wie ein Senfkorn beginnt, das zu einem riesigen Baum wird. Den Himmel säst du in Straßenschluchten und feuerst Löwenzähne an, sich gegen Beton durchzubeißen. Du pflanzt Hoffnung, wo sie nicht vorgesehen ist. Und wenn es eine einzige Feuerbohne in einer rostigen Konservendose ist.

Gebrauchsanweisung zum Frühling

Arnold Höllriegel

Wer die Regenlandschaft nicht ehrt, ist die Sonne nicht wert.

Nur wenn der Schmetterling sich vertrauensvoll auf deine ruhige Hand setzt, hast du dich in der Waldlichtung richtig benommen.

Auf dem Denkmal des großen Dichters saß eine Amsel. Sie hielt das Haupt des Dichters für irgendeinen passend gelegenen Stein und sie führte sich entsprechend auf. Da begann auf einmal das steinerne Antlitz des Dichters zu lächeln.

Als die Chöre der Engel in die Harmonie der Sphären einstimmen wollten, sagte Gott: Still, ich höre ein Vögelchen pfeifen.

Dem Menschenfreund besteht das Volk aus lauter einzelnen Menschen, dem Naturfreund die Wiese aus lauter einzelnen Blumen.

Gäbe es wirkliche Naturverehrer, sie wären keine Touristen. Niemals kämen sie an der ersten blühenden Wiese vorbei.

Vielleicht, o Wanderer, bist du doch kein Ochse - denn kein Ochse pflückt mehr Blumen, als er fressen kann.

Die Rolle des Menschen im Haushalt der Natur besteht darin, dass er die Wiesen mit Dreck düngt.

Dem Ameisenhaufen, über den du dich beugst, bist du ein fremder, mächtiger und böser Gott. Du hast die Macht, den ganzen Ameisenhaufen zu zerstören; Gutes kannst du Großmächtiger der kleinsten Ameise kaum tun. Begreife, dass sie zu dir beten wie zum Teufel.

Fritz, ein leidenschaftlicher Tourist, stieg nacheinander auf alle Gipfel des Gebirges. Franz, ein leidenschaftlicher Faulenzer, saß unterdessen irgendwo im Moos und sah sich ein kleines Steinchen genau an. Es hatte die gleiche Struktur wie das ganze Gebirge.

Der Regenbogen

Nina Ruge

Dieser Regenbogen war überirdisch. Als er erschien, an einem warmen Sommerabend nach einem kurzen Gewitter, blieb für mich die Welt stehen. Ein solches Naturspektakel hatte ich noch nie erlebt. Der gigantische Bogen aus der vollendeten Farbskala des Lichts erschien über einer Wolkenformation, die mir wie ein Fingerzeig Gottes erschien. In prachtvoller Stille stand er da, über eine halbe Stunde lang.

Mich erfasste diese Offenbarung so stark, dass ich weinen musste. Vor Glück. Es war wie ein Satori, ein Moment der Erleuchtung. Vielleicht scheint das ein bisschen hochgegriffen, doch ich bin davon überzeugt: Wer sensibel ist für eine Offenbarung und wer sich in liebevoller Wahrnehmung übt, der kann ein solches Satori erleben, und nicht nur eins. Das ist keineswegs nur buddhistischen Zen-Großmeistern vorbehalten ...

Es gibt besondere, außergewöhnlich starke Erlebnisse in der Natur, die uns die Sprache verschlagen, die uns, um es neudeutsch zu sagen, »resetten«. Es sind Augenblicke von einer Wucht und Klarheit, die unser alltägliches Funktionieren außer Kraft setzen, unsere programmierte Weltwahrnehmung auflösen. Und unser Ego gleich mit. Urplötzlich wird da ein innerer Vorhang aufgezogen. All das, was uns alltäglich rotieren lässt, das Denken, Bewerten, Organisieren, ist mit einem Mal weg.

Überwältigt stand ich nur da, im Angesicht dieses Regenbogens, und es war, als sähe ich das alles zum ersten Mal: die sanfte Hügellandschaft bis zum Horizont, den pastelligen Farbverlauf des riesigen Himmelszelts, die balancierten Wolkenformationen – und darüber die kraftvolle, mächtige Glocke des Lichts, die alles zentrierte. Frieden, Geborgenheit, das große Geheimnis. Ich war aus der Zeit gefallen und spürte nichts als pulsierende Lebendigkeit, pures Glück.

Weshalb ich davon erzähle? Weil ich überzeugt bin, dass wir alle solche Momente, die unser Bewusstsein erweitern, erfahren können ... wenn wir uns öffnen, wenn wir uns im Bereitschaftsmodus befinden. Dann sind wir fähig, sie zu erkennen, die Zeichen der Natur. Sie verändern unser Leben. Das Weltall liegt in uns.

Der Garten des Königs

Burkhard Heidenberger

Vor langer Zeit, als die Menschen die Sprache der Blumen und Bäume noch verstanden, lebte ein König. Er besaß einen wunderschönen Garten, den er über alles liebte. Darin wuchsen mächtige Palmen, prächtige Weinstöcke, duftende Rosen, würzige Kräuter und unzählige bunte Wildblumen.

Bei seinen täglichen Spaziergängen machte der König Rast unter den schattenspendenden Mangobäumen, erfreute sich am betörenden Duft der Rosen, strich mit der Hand sanft über die Blüten der Veilchen, Margeriten und Mohnblumen. Als er eines Tages das Gartentor durchschritt, erschrak er fürchterlich. Die Blumen ließen ihre Köpfe hängen, die Blätter der Bäume waren welk, die Weinreben hatten ihre Früchte zu Boden fallen lassen.

Der König eilte von Pflanze zu Pflanze, erkundigte sich nach der Ursache für ihr Leid und musste erfahren: Der Mangobaum ließ seine Blätter verdorren, weil es ihm nicht gelang, so hoch zu wachsen wie die Palme. Die Palme wiederum war untröstlich, weil sie keine süßen Früchte tragen konnte wie der Weinstock. Und der Weinstock hatte aufgegeben, weil es ihm nicht möglich war, zu duften wie die Rosen. Der gesamte Garten bot einen tristen Anblick.

Doch plötzlich entdeckte der König mitten darin ein wildes Stiefmütterchen, das munter vor sich hinwuchs und seine bunten Blüten der Sonne entgegenstreckte.

»Wie ist es möglich, dass du so prächtig blühst, während die anderen Pflanzen verdorren?«, wunderte sich der König.

Das Stiefmütterchen gab ihm zur Antwort: »Lieber König, ich dachte mir, dass du genau hier ein wildes Stiefmütterchen haben willst. Sonst hättest du an meiner Stelle wohl eine Palme, einen Mangobaum, einen Weinstock oder eine Rose gepflanzt. Deshalb gebe ich mein Bestes und versuche das zu sein, was ich eben bin.«

Der König war von diesen Worten sehr angetan und gab sie an alle Pflanzen in seinem Garten weiter.

Das Blumenmeer

Momo Heiß

Ein Zauberbann lag über dem ganzen Land, und niemandem war es bisher gelungen, diesen Bann zu brechen. Lange Zeit wurde nach dem oder der Richtigen gesucht, doch es schien ausweglos. Alle Hoffnung ruhte nun auf einer jungen Frau, die eine außergewöhnliche Gelassenheit in sich trug. Sie kam aus einem kleinen Dorf aus den Bergen und hatte von dort einen langen Weg zum Palast zurückgelegt. Von den kaiserlichen Gesandten wurde sie zu einer Höhle geführt. Sie sollte tief in den Berg hineinwandern, bis sie einen hellen Schein sehen würde. Erst dann sollte die Frau erfahren, welche Aufgabe sie lösen musste, um das ganze Land zu befreien. Lange lief sie tastend durch die Finsternis, bis sie in der Ferne endlich ein schwaches Leuchten wahrnahm. Die Frau folgte dem schwachen Licht und entdeckte im Gestein einen Durchgang. Als sie durch das Loch kroch, erklang eine Stimme, die aus vielen Richtungen zugleich zu sprechen schien: »Dich erwartet nun ein Meer aus Blumen. Doch alle Blumen sind künstlich – bis auf eine. Finde die einzige lebendige Blume, und der Bann wird sich lösen.«

Als die Frau daraufhin in eine riesige unterirdische Halle trat, dauerte es eine Weile, bis sich ihre Augen an die Helligkeit gewöhnt hatten, denn weit oben im felsigen Gestein schien durch eine Öffnung gleißendes Tageslicht herein. Die Sonnenstrahlen erhellten die unzähligen Blumen, die den gesamten Höhlenboden bedeckten.

Jede Blume war schön, jede war einzigartig. Der Anblick des Blumenmeers war so berauschend, dass die junge

Frau wie gebannt davorstand. Mit ihren vielfältigen, kunstvollen Blütenblättern schienen sie sich in nichts von echten Blumen zu unterscheiden. Offenbar ließ ein starker Zauber sie so lebendig aussehen. Es war unmöglich, unter all den vielen künstlichen Blumen die gesuchte echte Blüte zu erkennen. Die Aufgabe schien unlösbar. Dennoch wirkte die Frau seltsam ruhig und betrachtete das weite Meer aus Blumen. Und plötzlich, wie aus dem Nichts, begannen ihre Augen zu leuchten. Zielsicher ging sie auf eine der Blumen zu, pflückte sie ohne auch nur die Spur eines Zweifels und trug sie den weiten dunklen Weg zurück.

Als die Frau schließlich wieder aus der Höhle hinaus ins Helle trat, übergab sie die Blume den kaiserlichen Gesandten, und in diesem Moment war der Bann gebrochen. Seitdem nannte man sie »die Weise«, und ihre Meinung hatte stets großes Gewicht.

Doch was mochte dort in der Tiefe der Höhle geschehen sein? Wie war es der Frau gelungen, unter all den künstlichen Blumen die einzige echte herauszufinden?

Aus der Öffnung, durch die das Sonnenlicht hindurchstrahlte, war eine kleine unscheinbare Biene in die Höhle geflogen. Sie hatte leise summend ihre Kreise gezogen und sich nach einiger Zeit auf die einzige natürliche Blüte gesetzt. Und diese Biene hatte »die Weise« gesehen.

Frühling

Joachim Ringelnatz

Die Bäume im Ofen lodern.
Die Vögel locken am Grill.
Die Sonnenschirme vermodern.
Im übrigen ist es still.

Es stecken die Spargel aus Dosen
Die zarten Köpfchen hervor.
Bunt ranken sich künstliche Rosen
In Faschingsgirlanden empor.

Ein Etwas, wie Glockenklingen,
Den Oberkellner bewegt,
Mir tausend Eier zu bringen,
Von Osterstören gelegt.

Ein süßer Duft von Havanna
Verweht in ringelnder Spur.
Ich fühle an meiner Susanna
Erwachende neue Natur.

Es lohnt sich manchmal, zu lieben,
Was kommt, nicht ist oder war.
Ein Frühlingsgedicht, geschrieben
Im kältesten Februar.

»Vergessen ist gestern, und **morgen** ist weit!«

Von der Kunst des Genießens

Schmetterlingslied

Heinrich Seidel

Es blühen die Blumen in buntem Schein;
Sie laden zum Flattern und Kosen uns ein!
So lieblich ihr Duft!
So linde die Luft!
Vergessen ist gestern,
Und morgen ist weit!
Lasst heut uns genießen
Die goldene Zeit!

Der Engel des Genießens

Anselm Grün

»Wer nicht genießen kann, wird ungenießbar«, sagt das Sprichwort. Doch genießen will gelernt sein. Genuss hat in der christlichen Tradition meist eine schlechte Presse. In der frühen Kirche gab es immer wieder Theologen, die dem Genießen und allem Lustvollen gegenüber skeptisch waren und vor dem Hedonismus (der Genuss-Sucht) warnten. Der griechische Philosoph Epikur galt als Vertreter des Hedonismus. Doch das Genießen gehört wesentlich zum Menschen. Es führt in wahre Lebendigkeit. Und die Freude, die wir dabei erfahren, ist etwas anderes als ein hektisches Vergnügen, das immer auf der Jagd ist nach neuen Reizen.

Genießen kann nur, wer auch verzichten kann. Gegenüber einer Verteufelung des Genusses hat der heilige Augustinus eine eigene Theologie des Genießens entfaltet. Für ihn ist das Ziel des geistlichen Lebens die »fruitio dei«, das Genießen Gottes. Er unterscheidet zwischen »frui« = genießen und »uti« = gebrauchen, benutzen. Das Frui gilt vor allem einer Person, das Uti einer Sache. Ich kann eine gute Speise, die Schönheit eines Bildes oder einer Musik genießen. Dann – so sagt Augustinus – bin ich ganz bei der Speise, beim Bild und bei der Musik. Wenn ich jedoch das Essen nur als Bedürfnisbefriedigung benutze, dann genieße ich nicht wirklich, dann stopfe ich mit Essen nur meine innere Leere zu. Wenn ich die Liebe eines Menschen genieße, benutze ich den anderen nicht zur Befriedigung meines Bedürfnisses nach Nähe. Ich bin vielmehr beim anderen und seiner Liebe.

Der Engel des Genießens möchte uns das Genießen als Kunst lehren. Er will uns den Geschmack des Lebens in seiner ganzen Fülle spüren lassen. Genießen – so zeigt es uns die mystische Theologie, die sich auf den heiligen Augustinus beruft – gehört zu unserer Spiritualität. Das Ziel unseres Lebens wird das Genießen Gottes im ewigen Leben sein. Wenn wir hier das Leben genießen, ein Gespräch mit einem Freund, ein gutes Essen, einen reifen Wein, ein berührendes Konzert, das Wandern in einer schönen Landschaft, dann berühren wir im Genießen die Spur Gottes. Genießen hat immer mit Schönheit zu tun. Und die Schönheit ist die Spur, die Gott in unsere Welt eingegraben hat. In der Freude am Schönen und im Genießen erahnen wir immer etwas von dem besonderen Geschmack Gottes. Die mystische Theologie des Mittelalters – die vor allem Frauenmystik war – hat immer wieder von der »dulcedo dei«, von der Süße Gottes, gesprochen.

So wünsche ich Ihnen den Engel des Genießens, der Sie spüren lässt, dass das Leben schön ist, und der Sie in die Kunst des Genießens einführt, in ein Genießen, das kein Benützen und Gebrauchen ist, sondern innere Freude über das, was Gott Ihnen in der Schönheit dieser Welt schenkt.

Warum es Erdbeeren gibt

Momo Heiß

Am Anfang der Welt war alles schon da: die Sterne, die Sonne und der Mond. Es gab die frische Luft, das sprudelnde Wasser, die warme Erde, das helle Feuer, den blauen Himmel und die grünen Wälder. Und es gab auch schon Mann und Frau.

Als die beiden sich kennenlernten, nahmen sie sich Zeit, sich einander anzunähern. Nach und nach wurden sie sich vertrauter. Sie erlebten die sonnigen Stunden der Freude miteinander und die Sternenstunden der Liebe. Sie wollten ihr Leben miteinander teilen und bauten sich ein Hüttchen, nahe eines kleinen Flusses. Darin gab es eine Feuerstelle und weiche Decken, und alles war so, wie es sein sollte.

So lebten sie viele Tage und Nächte. Doch dann begegnete ihnen der größte Feind der Liebe, er beginnt mit dem Buchstaben »A« und es gibt ihn seit dem Anfang der Welt.

Es war der Alltag, der ihnen dazwischenkam. Damals haben sich Mann und Frau vielleicht darüber gestritten, wie das Feuerholz gestapelt werden sollte, wer das Wasser holen oder wer wann jagen gehen müsste. Und vermutlich haben sie sich auch darüber gestritten, wer sauber machen sollte.

Eines Tages geriet das Paar so heftig in Streit, dass die wütende Frau mit einem lauten Knall die Tür der Hütte hinter sich zuwarf und schnurstracks durch den Wald davonzischte. Ihr Zorn war so gewaltig, dass die Pflanzen ihr aus dem Weg sprangen! Ja, während sie in den dichten Wald hineinschritt, wichen die Blätter erschrocken aus und schnellten erst nach einiger Zeit wieder hinter ihr zurück. So war die Frau bald tief im Wald verschwunden.

Erst wusste der Mann nicht, wie ihm geschah. Dann legte sich eine eigenartige Ruhe über ihn. »Eigentlich ganz gut«, dachte er, und Erleichterung machte sich in ihm breit. Und so atmete er erst einmal tief durch.

Er setzte sich vor die Hütte ins Grün und lauschte eine Weile den Geräuschen der Wildnis. Das gefiel ihm. Doch nach einiger Zeit kam ihm die Stille eigenartig vor, und als er die Tür der Hütte öffnete und hineinschaute, wirkte sie ohne die Frau seltsam leer. Da erinnerte er sich an ihre erste gemeinsame Zeit.

Er dachte daran, wie sie sich kennengelernt hatten und an all die zauberhaften Stunden, die sie gemeinsam verbracht hatten. Und schließlich fragte er sich: »Wie kann es sein, dass uns der Alltag so etwas Schönes wie die Liebe stehlen konnte?« Und im Laufe seiner Überlegungen wurde seine Sehnsucht immer größer und war bald ebenso mächtig wie die Wut der Frau. Und er fasste einen Entschluss: Er würde sie zurückholen!

Doch eine Frau, die so zornig war, dass ihr die Pflanzen des Waldes aus dem Weg sprangen, konnte niemals eingeholt werden. Schon gar nicht, wenn sie bereits einen halben Tag Vorsprung hatte. Der Mann war chancenlos!

Also rief er verzweifelt hinauf in den Himmel: »Große Gottheit, meine Frau ist mir davongelaufen! Bitte tu irgendetwas, damit sie stehen bleibt und ich sie einholen kann!«

Vom Himmel aus sah die Gottheit das Szenario, das sich im Wald abspielte. Sie sah die wütende Frau, die noch immer energisch durch das Dickicht pirschte, und sah den Mann bei der verlassenen Hütte, der anfing, sich mühsam durch das dichte Gestrüpp Richtung Frau durchzukämpfen.

Da hatte die Gottheit eine Idee und erschuf dunkelrote Brombeeren genau an den Hecken, durch die sich die wütende Frau ihren Weg bahnte. Und die Früchte leuchteten um die Wette, um ihre Aufmerksamkeit zu erlangen.

Doch die zornige Frau blickte stur auf den Boden und sah die Beeren nicht.

»Was nun?«, dachte die Gottheit. Der Mann war viel zu langsam. Er würde seine Frau niemals einholen.

»Jetzt hab ich's!«, rief die Gottheit aus und erschuf die ersten Himbeeren der Welt. Die Beeren leuchteten in kräftigem, hellem Rot und versprachen himmlische Süße. Doch die Frau sah auch die Himbeeren dicht neben sich nicht, denn sie schaute immer noch starr auf den Boden und schritt unbeirrt weiter.

Da fiel der Gottheit endlich ein, was sie tun musste, und sie erschuf die Erdbeeren. Sie wuchsen auf dem Boden, damit die wütende Frau sie sehen musste. Und tatsächlich: Die Frau bemerkte die leuchtenden Früchte und bückte sich neugierig, um sie zu pflücken. Als die erste Erdbeere der Welt im Mund der Frau zerging, breitete sich das Aroma dieser magischen Beere aus. Einfach umwerfend! Die Frau pflückte eine weitere Erdbeere, und die schmeckte ebenso himmlisch. So aß sie eine Erdbeere nach der anderen und konnte ihr Glück kaum fassen. Sie setzte sich und dachte nach, woran sie diese herrliche Süße erinnerte, und nach einiger Zeit wusste sie es: Diese Beeren schmeckten traumhaft wie die Liebe.

Sie schmeckten wie die ersten Tage und die ersten Nächte eines Liebespaares.

So dachte sie an ihren Mann, ihre Hütte, ihre gemeinsamen Momente am Fluss, aß eine Erdbeere nach der anderen und wurde dabei ganz milde. Ihre Wut verflog, und bald fragte sie sich: »Wie konnten wir im Alltag nur all die Süße und den Zauber der Liebe vergessen?«

Sie stand auf, und da fand sie die Himbeeren. Lächelnd aß sie von den hellroten Früchten. Und als sie zuletzt auch die Brombeeren entdeckt und gekostet hatte, war ihre Wut gänzlich verflogen und ihr Entschluss gefasst: Sie musste ihrem Mann etwas von diesen himmlischen Früchten bringen. Und so sammelte sie fröhlich Beeren und machte sich damit auf den Rückweg.

Die Gottheit betrachtete nun zufrieden, wie die beiden durch den dichten Wald aufeinander zuliefen und sich bald darauf mitten im Urwald trafen. Dort aßen sie genüsslich die herrlichen Früchte und entdeckten so ihre Liebe wieder.

Genießen

Susanne Niemeyer

Ich liebe es, Tee mit Milch und Zucker zu trinken und der Tee hat genau die richtige Farbe. Ich liebe die Ernsthaftigkeit in den Augen meines allerkleinsten Freundes, wenn er Giraffe und Eisbär zum Essen einlädt und ihnen Suppe aus Legosteinen auftut. Ich liebe den Geruch in mancher Nacht, wenn das Meer ganz nah zu sein scheint. Ich liebe das Gefühl, frisch geduscht zu sein. Ich liebe Sonntagnachmittage, an denen man nichts anderes tut, als zu zweit zu sein und irgendwann ein Stück Käsekuchen zu essen. Ich liebe den Blick aus meinem Fenster, auch wenn er nicht perfekt ist. Es gibt noch eine Menge weiterer Dinge, die ich liebe. Aber eine mürrische Stimme stoppt mich: »Willst du die Liebe etwa auf so einen Kleinkram reduzieren? Die Himmelsmacht, die Größte? Heutzutage wird doch alles geliebt: Haftpflichtversicherung, Toilettensitze, Mc Donalds? Ich liebe es.« Na und? Wer bin ich, dass ich sagen könnte, diese Liebe sei falsch? Vielleicht gibt es tatsächlich Menschen, für die es das Größte ist, vor einer Tüte Pommes zu sitzen, weil es so vertraut und so verlässlich ist. Die Liebe wird doch nicht kleiner, wenn man mehr liebt. Wer redet uns ein, dass die Liebe immer mit einem Paukenschlag kommen muss? Wer will das denn, sein Leben lang auf die Pauke hauen? Manchmal ist es eben der Widerhall, der erfüllt: eine Sinfonie aus Käsekuchennachmittagen und Meeresduft, Sonntagsaugenblicken und meinetwegen auch Pommes Frites.

Hoffentlich hat Gott Kluntjes

Heiner Wilmer

Da, »wo ich weg bin«, so sagt man das bei uns, da ist Tee ein ständiger Begleiter. Schwarzer Tee aus Ostfriesland. Von einer ganz bestimmten Marke, auf keinen Fall in Teebeuteln, sondern lose. Dass die Wahl der Sorte beinahe einer Konfessionsfrage gleicht, lasse ich hier einmal beiseite. Tee löste bei mir den Kakao am Morgen ab. Von dem Tag an, an dem ich meine erste Tasse Tee trank, war ich kein Kleinkind mehr. Tee am Nachmittag um halb vier, während der Ferien bei der Arbeit auf dem Feld und der Ernte, und abends natürlich auch noch einmal Tee. Da, »wo ich weg bin«, das ist ein Bauernhof im Emsland, mit Tieren und allem Drum und Dran. Mein Vater kaufte die Kälber immer bei einem Bauern in der Nähe von Emden, und eines Tages durfte ich mit, ich war ungefähr zwölf. Die Häuser dort sind anders: Die Dächer viel flacher, das Dielentor nicht mittig, sondern versetzt. Und das Haus gegen den

Wind gestellt. Hausgewordene Sturmerprobtheit. Die Tenne sah anders aus als unsere: keine Tröge, das Heu auf dem Boden, keine Ballen, sondern alles lose. Ich dachte: »Wie sieht es denn hier aus?« Dann roch ich es. Ich roch das Heu und das auch anders, fremd. Die Kräuter im Heu, so herzhaft, spürte den Wind dazu. Ich hatte noch nie so intensiv Heu erlebt. Die Kälber hatten wir schnell verladen. Danach gingen wir in die Küche, die direkt an der Tenne lag. Dort sprach mein Vater natürlich Plattdeutsch, und ich hörte Antworten in einer Sprache, die ich nicht kannte. Ein anderes Plattdeutsch. Und natürlich gab es Ostfriesen-Tee. Die Tassen kleiner und dünner als zuhause, die Kanne mit dem losen, aufgebrühten Tee größer. Die Bäuerin fragte: »Heiner, willst du Kluntjes?« Kluntjes ist Kandis, den man in großen Stückchen kaufen kann. Von zuhause kannte ich bisher nur die ganz kleinen Körner. Ich nickte, und die Bäuerin gab mir zwei große Brocken in die Tasse —

ich hatte noch nie solch große Kluntjes gesehen. Sie goss den heißen Tee ein und sagte: »Du musst die Brocken springen hören.« Wir bekamen auch ein kleines Löffelchen, mit einem gebogenen Stiel und einer kleinen Kelle. Ich habe solche Löffelchen später wiedergesehen – als ich Priester geworden war, denn manche benutzen es bei der Gabenbereitung von Wasser und Wein. Damals aber legten wir mit dem Löffelchen etwas fette Sahne auf den Tee und tranken. Und schon wurde sichtbar, was man Wölkchen nennt: kleine Sahneskulpturen auf dem heißen Tee. Wir rührten nicht um, sondern tranken den Tee mit der Sahne und Kluntjes in drei Schlucken: der erste sahnig-fett, der zweite kräftig und der dritte süß. Ich hatte noch nie so leckeren Tee getrunken. Und ich fühlte mich wie im Himmel!

An diesen Tag erinnere ich mich immer noch, und mein Erleben damals prägt viele meiner Gedanken und Gefühle. Zum Beispiel weiß ich heute: Du musst in ein fremdes Land, um so intensiv zu erleben wie nie zuvor. Ostfriesland war Ausland für mich. Dort hatte ich das Getränk meiner Heimat so getrunken wie nie zuvor. In einem fremden Land, das unserem vielleicht sogar ähnelt und doch ganz anders ist, da dürfen wir hin und unsere Erfahrungen machen.

Das duftende Heu, die fettige Sahne, der schwarze Tee und die Brocken Kluntjes – all das ist für mich nicht nur eine Kindheitserinnerung, die mit jedem Jahr verklärter und deshalb stärker wird. Es ist mehr. Mehr als nur Erinnerung, weil Erinnerung in erster Linie zurückreicht, in die Vergangenheit ausholt. Es ist schon gar keine Nostalgie, kein Schwelgen im Früher und einer heilen Welt, kein Versinken im Landlust-Idyll. Im Gegenteil: Tee und Kluntjes, das ist für mich eine leise Ahnung von etwas, auf das ich mich freue, das ich ersehne, auf das ich hinlebe. Nicht im Sinne einer Vertröstung oder einem Leben in der Zukunft. Sondern ein sahne-sattes Gefühl: Alles ist da. Und es ist gut. Es mag schlicht und überschaubar sein an diesem Küchentisch. Aber für den Moment scheint die Zeit stillzustehen. Dieser Moment ist ein sehnsuchtsvoller Blick auf ein »Ausland«, ein ganz fremdes und anderes Land und eine ganz andere Zeit: die Ewigkeit. Und das, was für mich Tee und Kluntjes mit der Ewigkeit verbindet, das ist Hoffnung. Hoffnung, die die Vergangenheit kennt, die in der Gegenwart trägt und die bloße Zukunftserwartung übersteigt, und zwar auf die Ewigkeit hin. Und diese Ewigkeit riecht für mich nach Heu und schmeckt nach Tee und Kluntjes. Diese Kluntjesmomente zeigen, weshalb Hoffnung mehr ist als Nostalgie oder Vertröstung. Auch mehr als Vor-sich-hin-Fantasieren und Träumen. Träumen und Fantasieren gehören zum Leben dazu und können wunderbar sein. Hoffnung aber richtet sich auf die Ewigkeit aus und ist gerade dadurch konkret, ganz in der Gegenwart. Auf dem Tee schwimmen Wölkchen, und er schmeckt zunächst himmlisch-sahnig, der zweite Schluck aber bitter und kräftig: Er macht wach. Hoffnung trägt, weil sie beiträgt zur Gegenwart. Sie animiert, sie macht aktiv, sie eröffnet einen weiten Horizont von Möglichkeiten, begrenzt nur durch die Ewigkeit. Wer nach Ewigkeit strebt, durchstreift die Gegenwart. Wer Ewigkeit liebt, schätzt die Gegenwart. Und wer in der Hoffnung auf ein Leben in Ewigkeit lebt, der lebt in der Gegenwart, im Augenblick. Er ist ganz präsent und dadurch immer auch ein Stück in der Ewigkeit und in diesem »Ausland«. Dieses »Ausland« ist für Christen Grund und Bezugspunkt der Hoffnung.

Wer nicht genießt, ist ungenießbar

Teresa Zukic

Was gibt es Schöneres, als wenn es allen am Tisch schmeckt? Wie wichtig der Geschmackssinn ist, merkt man erst, wenn er vorübergehend beeinträchtigt ist. Da genügt oftmals nur ein Schnupfen und selbst das köstlichste Essen bereitet uns keinen Genuss mehr. Zum Genießen einer Speise tragen neben dem Geschmackssinn auch andere Sinne wie das Riechen, Sehen, Hören und Fühlen bei.

Ein Essen wird erst dann zum Genuss, wenn man es mit Freude, Vergnügen und Wohlbehagen auf sich wirken lassen kann. Eben dann, wenn wir es mit allen Sinnen genießen können. Genießen!

Ich weiß nicht, ob Sie schon mal geflogen sind. Es gab Zeiten in meinem Leben, wo ich sehr oft und sehr kurzfristig zu Fernsehsendungen eingeladen wurde und dann den nächsten Flug nehmen musste. Vor allem nach dem ersten TV-Auftritt bei »Schreinemakers live«, den über 5 Millionen Zuschauer gesehen hatten, wurde ich von Anfragen überhäuft. Die meisten Einladungen kamen unerwartet. Markus Lanz holte mich sogar von einem Tag auf den anderen aus dem Urlaub in Südtirol, weil es ihm wichtig war, dass ich dabei war. Ganz egal wohin und wie lange man fliegt, vor dem Start werden immer die gleichen Sicherheitshinweise vorgetragen. Am Ende kommt ein Satz, dass man im Falle eines plötzlichen Druckverlustes in der Kabine zuerst die eigene Sauerstoffmaske anziehen soll, bevor man anderen Mitreisenden oder Kindern hilft. Bei meinem ersten Flug war ich irritiert. Wie? Ich zuerst? Vor den Menschen, die ich liebe, und vor Kindern, die noch ihr ganzes Leben vor sich haben? »Ist das nicht egoistisch?«, dachte ich damals. Aber nein, ganz und gar nicht. Sondern logisch: Im halb erstickten Zustand kannst du wohl kaum irgendjemand anderem helfen, oder? Das Beispiel lässt sich sehr gut auf unseren Alltag und die restlichen Lebensbereiche übertragen. Jesus manifestiert es

sogar: »Liebe Deinen Nächsten wie Dich selbst.«
Was für ein wunderbares, befreiendes Wort.

Es ist kein Geheimnis: Wer sich selbst nicht liebt,
dem wird es schwerer fallen, andere zu lieben, und
wer sich selbst keinen Genuss gönnt, gönnt meistens
den anderen auch nichts. Leider trifft es auf
manche Menschen zu: »Wer nicht genießt, ist ungenießbar!«

Die Eigenliebe ist also genauso wichtig wie die
Nächstenliebe. Früher wurde Eigenliebe eher negativ
verstanden und oft mit Egoismus verwechselt.
Aber Liebe ist der Ursprung und die Grundlage
unseres Lebens. Uns selbst wertzuschätzen und
uns wohlzufühlen in unserer Haut, gerne zu tun, was
man tut, und sich kleine Pausen zum Entspannen
und Genießen zu gönnen – das ist lebensnotwendig!
Darum betonen auch Psychologen wie Dr. Reiner
Lutz, dass Genuss ein elementarer Bestandteil
der Selbstfürsorge ist.

Mein persönliches Motto seit vielen Jahren ist: Jeden
Tag etwas Gutes für jemand anderen tun, aber

auch jeden Tag etwas Gutes für sich selbst tun! Genuss ist für mich mehr als die Freude an einem leckeren Essen, Genuss ist für mich die Freude am Leben.

Jeder hat seinen eigenen subjektiven Geschmack. Warum können manche Menschen dennoch nicht genießen oder so ungenießbar sein? Fest steht: Menschen, die gestresst sind oder denen es seelisch nicht gut geht, fällt es oft schwer zu genießen. Wir sehen oft das Äußere, aber nicht was in einem Menschen vorgeht und worunter er leidet. Dass es ihnen schwerfällt, zu genießen, hängt auch oft mit ihrer Erziehung zusammen. Ein Pfleger erzählte mir, der meistgehörte Satz seiner Kindheit war, den er immer gesagt bekam, wenn er gerade ins Spielen vertieft war: »Hast wohl weiter nichts zu tun.« Während wir in jeder Lebenslage versuchen, bestmöglich zu funktionieren, effizient zu arbeiten und Ergebnisse zu produzieren, bleibt eine ganz wichtige Sache auf der Strecke, die das Leben ausmacht: das Leben zu genießen!

Laut einer Umfrage eines Marktforschungsinstituts sagen 91 % der Deutschen, dass Genuss das Leben überhaupt erst lebenswert macht. Aber die meisten Menschen sind nicht imstande dazu, sie kommen aus ihrer Hektik, den Pflichten und dem Zeitdruck gar nicht mehr heraus. 81 % aller Befragten waren sogar der Meinung, sie müssten sich Genuss durch zuvor erbrachte Leistungen verdienen. Als wäre es nicht in Ordnung, es sich einfach mal gut gehen zu lassen. »Das Genuss-Gen der Deutschen ist defekt«, fasste die Psychologin Ines Imdahl die Ergebnisse der Studie zusammen. Gerne würde ich in die Welt hinausschreien: »Braucht es wirklich erst einen Schicksalsschlag, Krebs oder eine andere Erkrankung, einen Verlust oder Unfall, um umzudenken und anzufangen, das Leben zu genießen?«

Wie dankbar war ich, dass ich während der Chemotherapie keine Übelkeit hatte und mein Geschmackssinn nur ganz wenig in Mitleidenschaft gezogen wurde. Ich musste zwar alles erst auf meiner Zunge kosten, um zu spüren, ob ich es essen und vertragen würde. Ich genoss, was mir schmeckte, und hatte meinen Spaß daran, alles zuzubereiten. Das Genießen musste ich mir nicht erst erlauben, sondern ich experimentierte mit meinen Sinnen und den Gerichten und daraus erwuchs pure Lebensfreude. Ich schaute, roch, hörte und schmeckte, betrachtete die Farben, die Struktur der Lebensmittel. Ich schob jeden einzelnen Bissen auf meiner Zunge hin und her. Ich nahm mir die Zeit zum Genießen.

Eine kleine Genuss-Pause ist eine sehr einfache Möglichkeit, dir positive Gefühle zu verschaffen. Das genüssliche Verkosten einer Speise ist das Gegenteil von blanker Energiezufuhr. Während meiner Krankheit lernte ich wieder neu, mir Zeit zu nehmen, denn ich hatte nun alle Zeit der Welt. Wenn man sich Zeit nimmt, um eine Speise aufmerksam und genussvoll zu essen, bleibt ein wunderbarer Nachgeschmack, weil man nicht abgelenkt ist. Genießen gelingt, wenn ich ganz bei der Sache bin. Solche achtsamen

Genussmomente sind herrlich und köstlich und man fühlt sich immer beschenkt.

Und das ist doch unser Leben, ein Geschenk! Niemand hat gesagt, dass es immer leicht sein würde oder dass man es immer so empfinden kann. Es kann sich zwischenzeitlich eher wie eine Bestrafung anfühlen, wenn das Schicksal oder Menschen es nicht gut mit uns meinen. Und doch sind wir letztendlich selbst der Regisseur, der mitentscheiden kann, welche Art von Film aus unserem Dasein gedreht und gespielt wird: weil wir zugleich die Hauptdarsteller unseres Lebens sind. Gott beschenkte uns mit dem unglaublich Größten, wozu Liebe fähig ist: mit der bedingungslosen Freiheit der Selbstbestimmung. Und obwohl ER uns durch und durch kennt, ist jeder von uns Sein größtes Hobby geblieben. ER ist und bleibt verrückt nach uns. ER geht den Weg mit uns, den wir wählen, und greift nur ein, wenn wir es Ihm erlauben. ER ist eben ein

Gentleman und liebt uns grenzenlos und jeden am allermeisten.

ER hat halt den besten Geschmack, Himmel mit allen Sinnen.

Der Duft, der in die Nase steigt.

Das Aroma des Augenblicks.

Der Geruch, der betört.

Das Schmecken des ersten Bisses.

Der Balsam am Gaumen.

Die Würze, die kitzelt.

Die Schärfe, die prickelt.

Die Lust am Süßen zum Anbeißen.

Die Zartheit, die zerschmilzt.

Der Geschmack, wie er sich entfaltet.

Alles Momente der Freude.

»Und keinen **Tag** soll man verpassen«

Ins Leben treten

Beherzt beim Schopfe fassen

Johann Wolfgang von Goethe

Was heute nicht geschieht,
ist morgen nicht getan,
Und keinen Tag soll man verpassen.
Das Mögliche soll der Entschluss
Beherzt sogleich beim Schopfe fassen,
Er will es dann nicht fahren lassen
Und wirket weiter, weil er muss.

Der Gute-Laune-Engel

Anselm Grün

Im Mittelalter dachte man, die Stimmung des Menschen hänge sehr stark vom wechselnden Mond ab. Das lateinische Wort für Mond ist »luna«. Daraus wurde dann die »Laune«. Man wollte die eigenen Stimmungen nicht sich selbst zuschreiben, sondern dem Wechsel des Mondes. Das heißt dann auch: Ich kann nichts dafür. Ich bin für meine Laune nicht verantwortlich. Die kommt einfach naturgemäß mit den verschiedenen Mondphasen. Auch heute noch sagen viele, bei Vollmond könnten sie nicht schlafen, da seien sie so aufgedreht. Es kann natürlich sein, dass unsere inneren Stimmungen von Umständen abhängig sind, die wir nicht beeinflussen können. Aber offensichtlich besteht im Menschen doch auch die Tendenz, die Verantwortung für seine Stimmungen auf andere Umstände abzuschieben. Ich bin schlecht gelaunt, weil das Wetter heute so mies ist, weil es regnet, obwohl ich mich nach Sonne sehne, oder weil es zu heiß ist und mir kühlere Temperaturen angenehmer wären. Ich mache das Wetter für meine Stimmung verantwortlich, aber oft genug auch andere Menschen: Neben so einem komischen Menschen kann man ja nur miese Laune haben. Und wir haben schlechte Laune, wenn etwas schiefgeht, wenn uns ein Missgeschick passiert oder wenn uns ein anderer kritisiert. Die Gelegenheiten sind zahlreich.

Der Gute-Laune-Engel macht uns unabhängig, nicht nur von Mondphasen, sondern auch von anderen äußeren Widrigkeiten. Er bringt uns in Berührung mit unserer Seele. Und in unserer Seele sind immer beide Stimmungen: Freude und Trauer, Heiterkeit und Bedrücktheit, gute und schlechte Laune. Der Engel möchte die schlechte Laune nicht einfach unterdrucken. Aber indem er uns in den Raum der Seele hineinführt, in dem die gute Stimmung ist, nimmt er der schlechten Laune ihre Macht. Manche Menschen meinen, sie seien voll von schlechter Laune. Alles in ihnen sei davon erfüllt. Doch in Wirklichkeit haben sie sich nur im Raum der schlechten Laune eingerichtet und vernachlässigen dabei die anderen Räume ihrer Seele. Der Gute-Laune-Engel macht uns keine Vorwürfe. Aber er nimmt uns an der Hand und führt uns einfach in den Raum nebenan: Dort sehen wir auf einmal alles mit einem anderen Blick. Auf einmal erscheint uns der Grund der negativen Stimmung lächerlich. Der Engel macht uns keinen Druck nach dem Motto: »Sei doch endlich einmal gut gelaunt!« Er versteht uns. Aber er nimmt uns auch behutsam an der Hand und zeigt uns eine bessere Möglichkeit: »Ja, im Raum der schlechten Laune lässt es sich nicht gut leben. Da schaut alles so düster aus. Gehen wir gemeinsam in den Raum der guten Laune. Da ist viel Licht. Dort wird auch deine Stimmung ganz anders sein.« Gerade wenn manches schiefgeht oder wenn wir schon missgelaunt aufstehen, bräuchten wir den Gute-Laune-Engel, der uns am Morgen nicht bereits Vorwürfe macht. Denn das würde unsere negative Stimmung nur verstärken. Dieser Engel führt uns einfach in andere Räume unserer Seele, damit wir mit helleren und hoffnungsvolleren Augen schauen können. Dann verwandelt sich mit unserer Laune auch unser Blick auf das Leben. Wir beginnen den Tag positiv und lassen uns nicht mehr aus dem inneren lichten Raum vertreiben. Wir richten uns für heute dort ein und schauen von diesem hellen Raum aus auf die Welt. Und alles wird dann auf einmal heller, fröhlicher, heiterer sein.

Das Ohr des Herzens

Martin Werlen

Als ich in Ferientagen aufmerksam Esel beobachten konnte, wurde mir die Mönchsregel des heiligen Benedikt, sozusagen unser Leitbild, geradezu vor Augen geführt. Der heilige Benedikt ermutigt uns, mit offenen Augen und aufgeschreckten Ohren durchs Leben zu gehen. Damit meint er nicht einfach nur unsere Organe, sondern er spricht sogar ausdrücklich vom Ohr des Herzens. Wir sollen ganz Ohr und ganz Auge sein. Wahrscheinlich hatte Benedikt einen Esel beobachtet, bevor er das vor 1500 Jahren niederschrieb. Der Esel hat große, offene Augen, viel größer als das Pferd. Er ist ein genügsames Tier. Er braucht nicht Luxusheu, sondern ist auch mit Disteln zufrieden. Er ist sehr treu. Er nimmt anderen Lasten ab. Er kann Hitze aushalten. Als Kühlsystem funktionieren die großen Ohren, aufgeschreckt für jedes Geräusch. Und dann kommt noch etwas Beeindruckendes dazu, weswegen wir übrigens auch vom dummen oder störrischen Esel sprechen. Das Pferd flieht in Stresssituationen und bei Gefahr. Der Esel wartet ab, beurteilt die Lage und läuft dann weiter oder zurück. Weil der Esel nicht einfach tut, was der Mensch will, nennen wir ihn dumm und störrisch. Aber eigentlich ist gerade dieses Verhalten viel überlegter als das Verhalten des ängstlichen Pferdes. Mit offenen Augen und aufgeschreckten Ohren wie ein Esel sollen wir nach der Weisung des heiligen Benedikt durchs Leben gehen. Warum? Weil Benedikt überzeugt ist, dass Gott da ist. Ihn sollen wir im Alltag suchen. Es passiert schnell, sehr schnell, dass wir unsere Augen und Ohren verschließen und uns in unsere eigene Welt zurückziehen.

Selig und glücklich seid ihr

Wolfgang Öxler

Jemand sah einen Mann die Straße entlangeilen, ohne nach rechts oder links zu schauen. »Warum rennst du so?«, fragte er ihn. »Ich folge meinem Glück«, sagte der Mann. »Aber woher weißt du«, fuhr der andere fort, »dass dein Glück vor dir herläuft, sodass du ihm nachjagen musst? Vielleicht befindet es sich hinter deinem Rücken und du brauchst nur innezuhalten, um ihm zu begegnen, du aber fliehst vor ihm.«

Jeder Mensch trägt die Sehnsucht nach Glück tief in seinem Herzen und wir rennen diesem Glück oft nach, ohne es wirklich zu finden. Unser heutiges Leben ist bestimmt durch eine Mentalität des Arbeitens und Ausgebens. Das hohe Tempo des modernen Lebens mit all seinen Ablenkungen macht es fast unmöglich, anzuhalten und sich auf sich selbst zu besinnen. »Viele Menschen wissen, dass sie unglücklich sind. Aber noch mehr Menschen wissen nicht, dass sie glücklich sind.« Wie Albert Schweitzer bemerkt, wird das Glück häufig erst dann erkannt, wenn es nicht mehr da ist. Das große Glück findet sich oft in Dingen, die einem selbstverständlich erscheinen: Familie, Freunde, Geborgenheit. Sich zugehörig fühlen, ist eine wichtige Säule des Lebens. Jesus gibt auf dem Berg der Seligpreisungen am See Genezareth den Menschen eine Anleitung zum Glücklichsein: »Selig die Sanftmütigen, denn sie werden das Land erben. Selig, die hungern und dürsten nach der Gerechtigkeit, denn sie werden satt werden. Selig die Barmherzigen, denn sie werden Barmherzigkeit erlangen. Selig, die ein reines Herz haben, denn sie werden Gott schauen. Selig die Friedensstifter, denn sie werden Söhne Gottes heißen. Selig, die verfolgt werden um der Gerechtigkeit willen, denn ihnen gehört das Himmelreich. Selig seid ihr, wenn sie euch um meinetwillen schmähen und verfolgen und euch alles Lügnerische nachsagen. Freut euch!« *(Matthäus 5,3–12)*

Wenn Jesus die Armen glücklich preist, dann geht es ihm um eine innere Haltung, um eine Einstellung des Herzens. »Arm sein vor Gott« versetzt uns in eine Haltung des Empfangens und des dankbaren Beschenktwerdens.

Nur leere Hände können etwas empfangen. Nimm das Leben als Geschenk, und selbst die normalsten Dinge können sich in großes Glück verwandeln! Sei glücklich wie ein Kind, das »arm vor Gott« ist, weil es im üblichen Sinne nichts besitzt – und doch reich ist, weil es in der Haltung des Staunens von einem erfüllten Augenblick zum nächsten lebt, von Moment zu Moment, das Leben nimmt, wie es ist.

Das Glück ist Nebenprodukt eines sinnvollen Lebens. Einfach gesagt: Das Glück stellt sich indirekt ein wie die Wärme durch die Arbeit.

Viele Menschen haben ein »Wovon« sie leben, aber kein »Wofür«. Es geht letztlich um den Sinn meines Lebens. Manche versuchen ihr Glück mehr im Haben zu finden als im Sein. Darum ist weniger manchmal mehr. Scheinbar gelingendes Leben hängt dann nicht davon ab, ob man sich glücklich fühlt. Willst du wahres Glück, so beglücke. Es geht nicht darum zu betonen, es geht mir gut, sondern sich klarzumachen: Ich bin für etwas gut.

Um glücklich zu sein, braucht es die Erfahrung, in einem größeren Ganzen aufgehoben zu sein. Gott will unserem Leben diese Ausrichtung auf ihn, auf seine Liebe schenken. Daraus kann Glück entstehen, das nicht von dieser Welt ist. So heißt es in Psalm 73: »Gott nahe zu sein, ist mein Glück.«

Der glückliche Mann

Johann Roth

Es sind noch nicht viele Jahre vergangen, da lebte in einem Land, das ihr bestimmt kennt, ein König, der von allen seinen Untertanen geliebt wurde und dem es wohlerging. Sein Leben wäre vollkommen gewesen, hätte er nicht einen Sohn gehabt, den er zwar über alles liebte, der aber seit Jahren schon der Trübsal verfallen war. Und niemand im ganzen Reich konnte sagen, warum.

Der König versuchte alles, was in seiner Macht stand, um den Sohn aufzuheitern und die schwarzen Wolken, die sich um seinen Kopf scharten, zu vertreiben – vergebens. Der Grund der Schwermut blieb dem König verschlossen. An mangelndem Reichtum konnte es nicht liegen, denn Gold und Güter gab es genug. Aber auch enttäuschte Liebe konnte keine Rolle spielen, denn viele der schönsten Frauen des Reichs hatten ein Auge auf den jungen Prinzen geworfen, doch der begehrte keine Frau.

Körperlich war er gesund, und jeder andere, der in seiner Lage gewesen wäre, hätte sich eines wundervollen Lebens erfreut.

Der König konsultierte die besten Ärzte in seinem Reich, er befragte Philosophen und heilige Männer, er war sich noch nicht einmal zu schade, den Weg zu Wunderheilern und manchen Scharlatanen auf sich zu nehmen, nur um seinen Sohn von den trüben Gedanken zu erlösen. Doch was immer man ihm auch riet, kein Mittel half, und war es noch so teuer. So versank der König immer tiefer in eine Verzweiflung ohne jegliche Hoffnung, und in seinem traurigen Äußeren schien er mehr und mehr seinem Sohn zu gleichen.

Eines Tages aber erhielt er König Besuch von einer weisen Frau, die von weit her gekommen war, um den Trübsinn des Prinzen zu verscheuchen. »Mein König«, sprach sie, »ich kenne ein Mittel, das deinem Sohn ganz gewiss die Lebensfreude zurückgeben wird. Du musst dich nur auf die Suche nach einem wahrhaft glücklichen Menschen machen. Und hast du ihn gefunden, musst du ihn um sein Hemd bitten. Das ziehst du deinem Sohn an, und er wird genesen.«

Der König schöpfte Hoffnung, brach sofort auf und begann seine Suche. Er durchzog sämtliche Ländereien seines Reiches und traf auf viele Menschen, die behaupteten, glücklich zu sein, doch nach eingehender Prüfung stellte sich immer heraus, dass das vermeintlich vollkommene Glück doch in irgendeiner Weise getrübt war. Dem einen fehlte zum Glück noch ein neues Dach auf dem Haus, dem anderen behagte die Schwiegermutter nicht, und wieder einem anderen zwickte es seit kurzem im Bein.

Wochen und Monate waren vergangen, und der Winter war ins Land gezogen. Da wollte der König seine Suche abbrechen, als er plötzlich von fern einen heiteren Gesang hörte. Er folgte dem Klang und sah einen jungen Mann, der fröhlich lächelnd in einer windigen Hütte saß. Er wirkte so

glücklich, dass der König sich zu einem letzten Versuch entschloss.

Er fragte den Mann, ob er glücklich sei. »So glücklich, wie man es sich nur denken kann«, antwortete der Mann.

»Aber möchtest du nicht vielleicht deine Hütte gegen einen Palast eintauschen?«, fragte der König. »Ich könnte es dir ermöglichen.«

»Was will ich einen Palast? Mit meiner Hütte bin ich völlig zufrieden«, antwortete der Mann, der wegen der Kälte ein wenig zitterte.

»Dann möchtest du womöglich den Reichtum genießen? Ich sehe um dich herum nur Armut, und ich kann dir zu viel Geld verhelfen.«

»Was will ich mit Geld? Ich habe alles, was ich brauche, und ich bin damit sehr glücklich«, antwortete der Mann, indem er seine Jacke etwas enger um sich schloss.

»Vielleicht begehrst du eine schöne Frau? Du lebst hier allein, und ich kann dir ohne Mühe die schönsten Frauen des Reichs schenken.«

»Warum sollte ich eine solche Frau begehren. Wenn es an der Zeit ist, wird sich schon eine finden.« Der Mann zog eine zerlumpte Decke heran, um sich noch besser zu wärmen.

Der König wusste nun, dass er auf einen wirklich glücklichen Menschen gestoßen war. Seine Suche war beendet. Und er sagte zu dem Mann: »Dann habe ich eine Bitte an dich. Wirst du sie mir erfüllen?«

»Selbstverständlich, wenn ich dir helfen kann!«

»Gib mir dein Hemd! Ich brauche es und werde es dir reich entlohnen.«

»Ich habe kein Hemd«, antwortete der Mann.

Warum soll ich nicht aufgeben?

Burkhard Heidenberger

Eine Frau hatte ihren Job verloren, ihre Beziehung ging in die Brüche und sie wurde krank. Nichts von dem, was sie sich die Jahre zuvor so sehr gewünscht oder erträumt hatte, war in Erfüllung gegangen.

Sie hatte sich nach richtigen Freunden gesehnt, nach etwas Glück, nach finanzieller Sicherheit. Nach all dem, was andere Menschen in ihrem Umfeld offensichtlich besaßen.

Nun war der Punkt erreicht, an dem sie so nicht mehr weiterleben wollte. Aber bevor sie sich vollkommen aufgab, suchte sie einen alten, weisen Mann auf, der schon zahlreichen Menschen mit seinen Ratschlägen geholfen hatte. Sie sagte:

»Bitte nenne mir einen einzigen Grund, warum ich nicht aufgeben sollte.«

Der Alte sah sie an, dann zeigte er auf seinen Garten und sprach:

»Siehst du den Bambus und den Farn? Die Samen beider Pflanzen habe ich am selben Tag in die Erde gegeben. Ich habe für ausreichend Wasser und Licht gesorgt, und bereits nach kurzer Zeit wuchs der Farn aus dem Boden. Er gedieh prächtig. Vom Bambus war hingegen lange Zeit nichts zu sehen. Trotzdem verlor ich nicht die Hoffnung. Der Farn wuchs weiter wunderbar. Vom Bambus war auch im zweiten Jahr noch nichts zu sehen, was sehr ungewöhnlich war. Ich aber gab nicht auf und goss nicht nur den Farn weiter, sondern auch die Stelle, an der ich den Bambussamen in die Erde gepflanzt hatte.

Das dritte Jahr brach an. Der Farn wuchs und wuchs, doch kein Bambus. Ich gab nicht auf.

Im vierten Jahr das Gleiche. Aber ich verlor die Hoffnung nicht. Im sechsten Jahr brach schließlich ein kleiner, unscheinbarer Bambustrieb aus dem Boden.

Ich hätte ihn fast übersehen. Schon nach wenigen Monaten hatte der Bambus die beachtliche Höhe von zehn Metern erreicht.

Sechs Jahre hat es also gedauert, bis die Pflanze ausreichend starke Wurzeln gebildet hatte und an die Oberfläche kam. Und dann ging es dafür ungeahnt schnell.

Wenn du nun auf deine vergangenen Jahre zurückblickst, in denen du keinen Erfolg hattest und nur gekämpft hast – in Wirklichkeit sind dir in dieser Zeit Wurzeln gewachsen. So wie dem Bambus. Gib nicht auf! Deine Zeit wird kommen.

Vergleiche dich nicht mit anderen, denn du hast deine eigene Bestimmung. Der Farn hat eine andere als der Bambus. Du wirst noch wachsen.«

Da wollte die Frau wissen: »Wie hoch werde ich wachsen?«

Und der Weise fragte sie: »Wie hoch wächst der Bambus?«

»So hoch, wie es ihm möglich ist?«, antwortete die Frau zaghaft.

»Genau. Hab Geduld, auch wenn dir das im Moment nicht leichtfällt. Gib dir einfach die Zeit, die du brauchst, und wachse auch du so hoch, wie es dir eben möglich ist. Es wartet noch viel Gutes auf dich.«

Der Schmetterling

Zhuang Zi

Zhuang Zi träumte einmal, ein Schmetterling zu sein, ein Schmetterling, der nichts anderes zu tun hatte, als herumzuflattern, und meinte, alles nach Herzenslust zu haben. Da wusste er nichts mehr von einem Zhuang Zi. Mit einem Male kam er wieder zu sich. Da erkannte er bestürzt, er war ja Zhuang Zi. Nun wusste er nicht mehr, hatte Zhuang Zi geträumt, ein Schmetterling zu sein, oder hatte ein Schmetterling geträumt, Zhuang Zi zu sein?

Wohlan, zwischen Zhuang Zi und dem Schmetterling muss es einen Unterschied geben. Dies eben nennt man den Wandel der Dinge.

Im Wandel wachsen

Anselm Grün

Wachsen ist ein Grundgesetz des Lebens. Dieses Grundgesetz gilt für Menschen, aber auch für Tiere und Pflanzen. Zu diesem Gesetz des Wachsens gehört auch das Gesetz des Sterbens – in der Natur um uns herum wie bei uns Menschen. Die Pflanzen blühen im Frühling auf, sie wachsen und werden welk, die Bäume werfen ihre Blätter ab. Im Winter scheint alles abgestorben zu sein. Doch in jedem Frühling wächst wieder neues Leben. Auch wir Menschen werden geboren, wir altern und sterben. Wachsen und Sterben gehört zu jedem Leben. Und nur wenn wir uns diesem Grundgesetz des Lebens anvertrauen, werden wir wahrhaft Menschen, leben wir so, wie Gott es uns zugedacht hat. Johann Wolfgang Goethe hat in dem Gedicht »Selige Sehnsucht« dieses Gesetz des Wachsens und Sterbens so formuliert:

»Und solang du das nicht hast, | Dieses: Stirb und werde! | Bist du nur ein trüber Gast | Auf der dunklen Erde.«

Nur wer dieses Gesetz des Zusammenhangs von Wachsen und Sterben bejaht, also auch das Eingebundensein in die Natur und die eigene Endlichkeit, ist – nach Goethe – würdig, als Mensch auf dieser Erde zu leben. Wer sich dagegen wehrt, ist für ihn nur ein trüber Gast auf der dunklen Erde: Sein Leben ist verdunkelt. Es ist kein wirkliches Leben.

Der griechische Philosoph Heraklit hat das Wort geprägt: »Panta rhei.« – »Alles fließt.« Und über unser Leben sagt er: »Wir steigen niemals zweimal in den gleichen Fluss.« Auch wenn wir die Dynamik des Wandels der Lebensverhältnisse in der Gegenwart als besonders eindrücklich wahrnehmen: Leben ist und war immer Wachsen und Wandel. Auch menschliches Leben ist immer im Fluss. Jeder Fluss fließt in eine Richtung, er mündet entweder ins Meer oder ergießt sich in einen anderen Fluss. Er muss auf seinem Weg Hindernisse überwinden. Manchmal muss er sich durch ein enges Tal zwängen. Felsen stellen sich ihm in den Weg. Doch er fließt um alles herum. So ist auch unser menschliches Leben durch viele Hindernisse geprägt. Man spricht auch vom »Wildwasser des Wandels«. Das, was sich uns in den Weg stellt, kann unseren Wandlungsweg behindern und erschweren. Es kann aber auch eine Chance sein für unsere Verwandlung. So wie der Fluss um den Felsen strömt, auf einmal reißender wird und aufschäumt, so können die Hindernisse auf unserem Weg uns herausfordern, neue Möglichkeiten zu finden und neue Lebendigkeit in uns zu entdecken.

Unwägbarkeiten gehören zum Leben: zeitlebens, von der Jugend bis ins Alter. Leben ist nicht vorhersehbar, nicht kontrollierbar, sondern entwickelt sich. Wer davor nur Angst hat, verkrampft. Auch wer sich in seiner Unsicherheit nur an Normen und Vorschriften, an Geld oder Versicherungen klammert, verliert Lebendigkeit, er kann sich nicht wandeln. Es geht also darum, Unsicherheit nicht zu schnell mit äußeren Sicherheiten zu vertauschen, sondern sie zu akzeptieren. Das gelingt leichter, wenn wir uns tiefer getragen fühlen und Vertrauen haben. Viele Menschen machen die Erfahrung, dass gerade schmerzliche Situationen, wie eine plötzliche Krankheit, ein finanzieller Bankrott oder das Zerbrechen einer Partnerschaft, zu einer intensiven Wandlung und in einen neuen »glücklichen Raum« (Rilke) führen können.

Wenn wir genauer fragen, was das Leben von seinem Wesen her ist, beginnen wir zu stammeln. Wenn wir uns zur Beantwortung dieser Frage auf unsere religiöse Tradition beziehen, können wir sagen, dass die Bibel das Leben mit dem Lebenshauch verbindet, den Gott den Menschen einhaucht. Das Johannesevangelium spricht vom ewigen Leben. Die Griechen unterscheiden zwischen »bios«, dem biologischen Leben, und »zoe«, der Lebensqualität, dem erfüllten, wirklichen Leben. Wenn Johannes vom ewigen Leben spricht, dann meint er, dass in uns ein Leben ist, das auch durch den Tod nicht vernichtet wird. Er sieht das Leben als etwas Geistiges. Wer die

Worte Jesu hört und sie realisiert, der ist jetzt schon vom Tod zum Leben übergegangen (vgl. Joh 5,24).

Die Lebensphilosophie (vor und nach 1900) hat das Leben im Gegensatz zu den rationalen Konzepten und Begriffen, mit denen die sonstige Philosophie arbeitete, als vitalen »Elan« verstanden und das Werden und die Ganzheitlichkeit, die Kreativität und die Gestaltungsmöglichkeiten herausgestellt. Der Theologe Karl Rahner sieht Leben und Tod sowohl als Widerfahrnis wie auch als Tat des Menschen. Wir können das Leben demnach nur in seiner Gegensätzlichkeit verstehen: Es widerfährt uns, und wir gestalten es. Manchmal erleiden wir das Leben, das uns vorgegeben ist. Auf der anderen Seite können wir das, was uns vorgegeben ist, auch selbst gestalten.

Damit das glückt, braucht es auch den Willen und die Fähigkeit, sich zu entscheiden. In den »Sonetten an Orpheus« hat Rilke einem Gedicht den Titel »Wolle die Wandlung« gegeben. Darin rühmt er die Lebendigkeit des entwerfenden Geistes als Feuer der inneren Entwicklung und sieht die Entscheidung zur Wandlung als Alternative zu Erstarrung und Tod:

»Was sich ins Bleiben verschließt, schon ist's das Erstarrte; Wähnt es sich sicher im Schutz des unscheinbaren Grau's?«

Und der Dichter sieht gerade im Wandel die Voraussetzung eines glückenden Lebens:

»Jeder glückliche Raum ist Kind oder Enkel von Trennung, den sie staunend durchgehn.«

»Will dir den Frühling zeigen«

Die Kunst des Hinschauens

Will dir den Frühling zeigen

Rainer Maria Rilke

Will dir den Frühling zeigen,
der hundert Wunder hat.
Der Frühling ist waldeigen
und kommt nicht in die Stadt.

Nur die weit aus den kalten
Gassen zu zweien gehn
und sich bei den Händen halten -
dürfen ihn einmal sehn.

Anhalten – Innehalten

Wolfgang Öxler

Anhalten – Innehalten
»Halt an, wo läufst du hin,
der Himmel ist in dir:
Suchst du Gott anderswo,
du fehlst ihn für und für!«

»Halt an! Wo läufst du hin?« Vor mehr als 350 Jahren hat der Dichter und Gelehrte Angelus Silesius so zu seinen Zeitgenossen gesprochen. »Halt an!«, das klingt wie eine eindringliche Bitte, wie ein Warnruf. »Wo läufst du hin?« Diese direkte, sehr persönliche Frage bringt jeden in Verlegenheit, der sie an sich heranlässt. In Tagen der Einschränkung unserer Bewegungsfreiheit bekamen die Worte des Gedichtes für mich nochmals eine neue Bedeutung.
Angelus Silesius lebte in den Zeiten des 30-jährigen Krieges. Er kannte die Sorgen ums Überleben in schwerer Zeit, auch das Mühen derer, die Gott

suchen und sich anstrengen, gut zu leben und richtig zu handeln. »Halt an! Wo läufst du hin?«, fragt er und fährt fort: Was du suchst, »der Himmel ist in dir; suchst du Gott anderswo, du fehlst ihn für und für«. Angelus Silesius lenkt den Blick nach innen: Bleib nicht dabei, Gott draußen zu suchen, in dem, was andere dir von ihm sagen, so könnte man ihn verstehen. Erst wenn du seine Nähe in dir selbst für möglich hältst, führt deine Suche zum Ziel. »Der Himmel«, Gottes Gegenwart, ist in dir, ist dir schon geschenkt.

»Halt an, wo läufst du hin?« Das »Anhalten« kann zu einem »Innehalten« werden. Angelus Silesius war Arzt und zugleich Mystiker. Ärzte und Mystiker stehen generell hoch im Kurs. Für die Ärzte und Pflegekräfte beten wir, dass sie in der Behandlung der Kranken ihr Bestes geben, aber in aller Aufregung auch Momente der Ruhe finden. Zu Mystikern können wir alle werden. »Mystik« heißt ja nichts anderes, als tief im Geheimnis Gottes zu leben.

Vielleicht kennst auch du Orte, wo sich der Himmel spiegelt, wie bei uns im Kloster in unserem kleinen See. »Der Himmel ist in dir.« Höre auf die Stimme deines Herzens, so rät Angelus Silesius.

Mich der Sonne zuwenden

Katharina Barth-Duran

In meinem Terminkalender stand eine berufliche Fortbildung auf dem Feldberg im Schwarzwald. Das passte mir gar nicht. In meiner Familie herrschte »Land unter«. Die Situation war eskaliert. Unverständnis und Verbitterung auf beiden Seiten. Jedes weitere Wort wurde missverstanden und der Graben immer tiefer. Ich fühlte mich ausgeliefert, ohnmächtig und verzweifelt. Es kostete eine riesige Überwindung, mich gerade jetzt loszueisen und aufzubrechen.

Da saß ich also mit meinen Kolleginnen und Kollegen im Haus Falkau auf dem Feldberg. In ihrer gekonnten, unterhaltsamen und humorvollen Art gab uns die Psychologin Dr. Maja Storch eine Einführung zu ihrem Zürcher Ressourcenmodell. Auf dem Boden in unserem Stuhlkreis lagen fünfzig farbenfrohe Fotos im DIN-A4-Format. Schöne Motive aus der Natur oder unserer Tier- und Menschenwelt. In einem ersten Schritt sollten wir das Bild aussuchen, das uns intuitiv ansprach.

Natürlich griff ich nach der Bärenmutter, deren Kraft und Ausruhen auf einem großen Baumstamm mir zusagte. Vor allem ihr Pelz gefiel mir. So ein dickes Fell könnte ich momentan gut gebrauchen. Doch je länger ich diese Bärin anschaute, umso trauriger fand ich ihren Blick. Bestimmt schaut sie auf ihr Junges, das sie beschützen will, dachte ich, und wurde selbst ganz melancholisch. »Das geht gar nicht!«, sagte Maja resolut zu mir, als ich von meinen Gedanken zum Bild erzählte. »Dein Bild darf keinerlei negative Assoziationen in Dir wecken. Du musst Dir ein neues suchen.«

Und so kam ich zu meiner Sonnenblume. Strahlend und aufrecht in voller Blüte stand sie in einem riesigen Sonnenblumenfeld, das Gesicht der Sonne und mir zugewandt. Keine einzige negative Spur löste dieses Bild in mir aus. Ich notierte eifrig Stichworte, die mir dazu einfielen, und liebe Kolleginnen und Kollegen fügten ihre Ideen hinzu.

In der anschließenden Mittagspause fiel mir mühelos mein passendes Zielmotto dazu ein. Es war sehr einprägsam und reimte sich sogar: »Ich bin ein Solitär – im Sonnenblumenmeer!« – Klingt großspurig, ich weiß, aber das haben Visionen wohl so an sich. Seit mir dies auf den Schwarzwaldhöhen des Feldbergs eingeleuchtet hat, nehme ich Sonnenblumen noch bewusster wahr. Wenn sie blühen, hole ich mir immer wieder eine ins Haus. Auch die Farbe Gelb hat für mich an Bedeutung gewonnen und ich sorge dafür, dass sie hier und da in meiner Umgebung auftaucht. Und so oft es geht, wende ich für einen Augenblick mit geschlossenen Augen mein Gesicht bewusst der Sonne zu.

Die Schönheit erkennen

Anselm Grün

Versuche, Gelassenheit einzuüben, indem du einfach mal die Dinge betrachtest, die du siehst. Schau dein Zimmer an, ohne etwas daran ändern zu wollen. Erfreue dich an dem, was ist, und spüre dich in die Dinge hinein, was sie dir sagen. Schau in die Landschaft, ohne sie im Bild festhalten, ohne sie umgestalten zu wollen. Nimm wahr, was ist, und lass es so sein. Dann wirst du einen tieferen inneren Frieden spüren. Du wirst die Schönheit in allem erkennen. Du wirst die inneren Zusammenhänge entdecken. Und du wirst gelassen werden, frei von dem Zwang, alles nach deinen Vorstellungen ändern zu müssen. Lass die Dinge, wie sie sind. Lass deine Vorstellungen los. Dann blühen die Dinge auf. Die Gelassenheit wird dich reich beschenken.

Glück

Susanne Niemeyer

Glück ist, da sein zu wollen, wo ich bin. Glück ist ein kornblumenblauer Himmel. Der Raureifmantel des Efeus. Tee mit Sahne. Leichtes Atmen. Glück ist etwas zu beginnen, das keinen Nutzen hat: Klavierspielen, malen, Steine sammeln. Sich wohl in seiner Haut zu fühlen. Dem Kommen der Dämmerung zuzuschauen. Einen geheimen Ort zu entdecken. Einen Käfer aus dem Wasserglas zu retten. Der Duft eines frisch aus dem Ofen kommenden Brotes (oder Kuchens). Glück ist, drei Wünsche geschenkt zu bekommen und nur einen zu brauchen. Blaue Tinte. Keine Angst vorm Sterben zu haben. In der Mittagszeit für ein paar Minuten zu träumen, ohne den Traum verwirklichen zu müssen. Glück ist, etwas Ersehntes zu bekommen: ein Kind, einen Anruf, eine Erkenntnis. Leichten Herzens zu sein. Eine Gewohnheit zu genießen. Glück ist, das Längerbleiben des Lichts. Der Duft frischer Wäsche. Der Moment vor dem Einschlafen, in dem alles gut ist. Mit sich selbst einig zu sein. Zu lieben. Glück ist, plötzlich und unerwartet laut zu lachen. Engstirnigkeit aufzugeben. An etwas zu glauben. Sich zu trauen, einen Liebesbrief zu schreiben. Etwas ganz und gar selbst gemacht zu haben (einen Schrank, Eiscreme, Maultaschen, eine Patchworkdecke). Glück ist, gewahr zu werden, dass hier noch tausend andere Dinge stehen könnten.

Hören

Beatrice von Weizsäcker

Klosterzeit ist Beten. Mit jedem Atemzug. Gott einatmen, Gebet ausatmen. Beten ohne Worte. Gebete spüren. Beten fühlen. Beten hören. Sich beten
lassen. Und gebetet werden.

Bei jedem Schritt durch die schöne Landschaft.
Schauen und hören. Staunen über das, was ist. Hören auf das, was kommt. Einatmen, lauschen. Ausatmen, staunen. Schritt für Schritt. Und hin und wieder stehen bleiben.

In St. Ottilien kam ich mir manchmal vor wie Beppo, der Straßenkehrer aus Michael Endes »Momo«.
Er lässt sich nie irritieren, und sei die Straße noch so
lang und noch so schmutzig. Beppo macht nach jedem Schritt einen Atemzug und nach jedem Atemzug einen Besenstrich. Schritt – Atemzug – Besenstrich. Schritt – Atemzug – Besenstrich. Dazwischen
bleibt er manchmal ein Weilchen stehen und schaut
vor sich hin. Dann geht er weiter. Schritt – Atem-

zug – Besenstrich. Und die Straße wird sauber, ohne dass es ihm Mühe gemacht hatte, ja, ohne dass er es merkte.

Und während er sich »dahinbewegte«, wie Michael Ende so unnachahmlich schreibt, hinter sich die gereinigte Straße, vor sich die schmutzige, »kamen ihm oft große Gedanken. Aber es waren Gedanken ohne Worte, die sich so schwer mitteilen ließen wie ein bestimmter Duft, an den man sich nur gerade eben noch erinnert, oder wie eine Farbe, von der man geträumt hat«.

Gedanken ohne Worte ...

Mir ging es im Kloster ganz ähnlich, draußen in der Natur, beim hörenden Staunen und staunenden Hören, beim Beten. Auch ich sah Farben und bemerkte Gerüche, für die es keine Worte gibt, während ich mich zwischen den Feldern dahinbewegte. Was ich wahrnahm, war wortlos wahr.

Schritt – Atemzug – Stille.

Einatmen, lauschen. Ausatmen, staunen. Mehr nicht. Nur das. Schritt für Schritt. Das Unaufgeräumte lag hinter mir, es war auf einmal weg. Was vor mir lag, war klar. Und der Blick weitete sich wie die Sicht in St. Ottilien, nachdem der Nebel sich hebt. Dann kann man die Alpen sehen. Und es klärten sich Dinge, aber ich weiß nicht, wie das geschah. Es hatte mir keine Mühe gemacht.

Schritt – Atemzug – loslassen.

Einatmen, lauschen. Ausatmen, staunen. Gott einatmen, Gebete ausatmen. Und mittendrin eine unerklärliche Gegenwart, unglaublich, unbeschreiblich, unfassbar, uneinfangbar in Bildern, weil man auf Fotos nicht sehen kann, was ich dort sah.

Das ist wohl gemeint, wenn es im Großen Glaubensbekenntnis heißt:

Wir glauben an den einen Gott, den Vater, den Allmächtigen, der alles geschaffen hat, Himmel und Erde, die sichtbare und die unsichtbare Welt.

Die unsichtbare Welt. Ihre Unergründlichkeit.

Genau das widerfuhr mir in St. Ottilien; mir, die die Welt so gern ergründet, die sie ergründen will, um zu verstehen, was los ist. Die meint, sie ergründen zu müssen, um sich zu verstehen. Die wissen will. Und nicht nur glauben.

Schritt – Atemzug – Gegenwart.

Einatmen, lauschen. Ausatmen, staunen. Nichts müssen. Nichts wollen. Nichts wollen müssen. Nichts müssen wollen. Nichts wissen wollen, nichts wissen müssen. Nichts ergründen, nichts verstehen, schon gar nicht mich selbst. Nicht mehr reden. Nichts mehr denken. Nur schweigen, spüren, hören. Einatmen – ausatmen – aufatmen.

Und sich beten lassen.

Und ich verstand auf einmal, was Søren Kierkegaard einst über das Beten schrieb:

»Als mein Gebet immer andächtiger und innerlicher wurde, da hatte ich immer weniger und weniger zu sagen. Zuletzt wurde ich ganz still. Ich wurde, was womöglich noch ein größerer Gegensatz zum Reden ist, ich wurde ein Hörer. Ich meinte erst, Beten sei Reden. Ich lernte aber, dass Beten nicht bloß Schweigen ist, sondern Hören. So ist es: Beten heißt nicht, sich selbst reden hören. Beten heißt still werden und still sein und warten, bis der Betende Gott hört.«

Diese Sätze standen unter dem Programm unseres Kurses, die ganze Zeit. Doch ich entdeckte sie erst, als die Zeit vorbei und ich wieder in München war. Auch dann erst erkannte ich, dass ich sie tatsächlich zum ersten Mal begriffen hatte. Dass ich nicht ergründen muss, was unergründlich ist.

Der Glaube ist kein kleiner zurückgebliebener Bruder vom Wissen, er ist auch kein löchriger Strumpf, der mit Wissensfäden gestopft werden muss. Im Gegenteil. Der Glaube ist der Faden, der alles zusammenhält. Je unergründlicher und löchriger die Welt ist, desto mehr.

Wie oft wünsche ich mich in diese Stille zurück. Wenn die Gedanken anfangen, sich zu drehen, wenn sie in meinem Kopf hin- und herjagen, wenn sie von allen Seiten gleichzeitig kommen, von links und von rechts und oben und unten wie kleine Blitzschläge. Und ich partout nicht beten kann, obwohl ich beten will. Wenn mir selbst das Vaterunser im Halse stecken bleibt und es mir nicht einmal gelingt, die ersten beiden Worte auszusprechen: »Vater unser ...« Und jedes Geräusch viel lauter ist, als es in Wahrheit ist.

Dann sehne ich die Stille herbei, die ich im Kloster fand. Dann versuche ich, nicht mehr zu reden und weniger zu denken. Und stattdessen zu hören. Ach ... Manchmal genügt die Erinnerung an das, was war: einatmen, lauschen. Ausatmen, staunen. Und an das, was Beten ist: still werden und warten. Warten, bis Gott sich zeigt. Bis ich ihn höre. Mit einem Schritt und einem Atemzug.

Oft gelingt es nicht.

München ist eben nicht St. Ottilien.

Gefiederte Himmelsöffner

Norbert Roth

Engel haben in unserer Vorstellung meist etwas Kindliches, etwas Gläsern-Zerbrechliches. Wie ein edles, weißes Maskottchen. Der »Liebe Gott« für die Hosentasche – so begegnen Engel uns, nicht erst in unseren Tagen.

Engel machen Gott niedlich. Machen den Ewigen zu einem Wochenbegleiter durchs Jahr, den Unanschaulichen zum runden Kindergesicht mit Flügeln aus weißen Federn an der Schulter. Deswegen hatten Engel schon immer Konjunktur.

Das ist nur vordergründig kitschig. Denn Engel machen den Himmel auf. Engel sind greifbarer. Und das macht Gott – glaube ich – wegen einer geringeren Dosierung verträglicher. Denn das, was im Blick auf Gott (also dann, wenn Gott denn wirklich Gott ist) wichtig wird, wird oft als Überdosis für Verstand und Herz empfunden. Gott ist zu groß. Gott ist zu gewaltig. Die Ewigkeit auch. Der Tod auch. Und, ach –

das Leben doch auch. Es ist alles zu groß! Da ist ein Engel ein ehrbarer, hilfreicher Geist. Ein himmlischer Begleiter, ein Repräsentant der guten Mächte, die bergen, die trösten und mir die Nähe Gottes irgendwie vertrauter machen können. Auch wenn ich das grelle Licht Gottes scheue, das Glimmen der Engel mag ich sehen.

Und da können Engel zu dem werden, was sie sind: Sie übersetzen. Sie rationieren die großen Portionen Gottes. Denn mit ihrem freundlichen Gefieder können Engel manche schrägen Vorstellungen von Gott wegwischen. Die Vorstellung etwa, dass Gott – weil er zu groß für mich ist – sich nicht für den alltäglichen Kram und Kummer meines kleinen Lebens interessieren würde. Oder die Vorstellung, dass Gott – weil er so groß ist – sich eines Tages abwenden wollte, weil er die Nase voll hat von mir und uns und unseren kleinlichen Eitelkeiten und handfesten Sünden. Engel sind ein Hinweis von Gottes Zuwendung zum Menschen. In dieser Vorstellung von Engeln verbirgt sich die Wahrheit, dass Gott den Menschen nicht

allein lässt und ihn oder sie mit heilender und liebender Nähe umgibt.

Das alles klingt mythisch, recht weit weg und ist doch sehr vertraut. Aber wo begegnen einem nun Engel? Im Biergarten? Sind sie realistisch oder stehen sie als Chiffre für Lebenserfahrungen, für Anfechtung, für die Momente, wenn man dem Unglück noch mal von der Schippe gesprungen ist oder einem im Gottesdienst oder anderswo ein Schauer über den Rücken läuft? Spätestens seit der ersten kindlichen Gewissheit, dass Gott da ist. Seit dem ersten selbstverständlichen Gebet sind Engel Teil eines Lebens. Man muss sich in der Stadt und im Biergarten und in den Gottesdiensten nur mal umschauen, wie viele Gottesboten da beieinandersitzen. Eine ganze Stadt, eine ganze Kirche voll davon. Engel Gottes – seine Boten, gibt es. Sonst wären die Kirchen längst völlig leer. Jede und jeder von uns hatte irgendeinen Menschen, der ihm oder ihr mal Vertrauen »verkündet« hat. Der gesagt hat: »Glauben ist unvergesslich, das muss man erlebt haben!« Es muss jemanden gegeben haben, der uns die Worte beigebracht hat: *Es begab sich aber zu der Zeit, dass ein Gebot von dem Kaiser Augustus ausging ....* Irgendwer hat uns mitgenommen zum ersten Kindergottesdienst und die ersten Lieder vorgesungen. Irgendwer hat uns mal gesteckt, dass es Jesus gibt und er uns unendlich liebt. Irgendwer hat uns mal das Beten beigebracht und gesagt: Du musst keine Angst haben, du bist nicht allein, niemals. Irgendwer war das – und das war ein Engel. Der sagt uns heute das Gleiche wie einst: »Fürchte dich nicht!« Gott hat dich in seine Hände eingezeichnet. Gott hat sich in Jesus gezeigt. Gott glaubt, dass du glücklich werden kannst. Gott vertraut dir. Er vertraut dir Leben an. Und Erkenntnis. Und Wahrheit. Das musst du nicht wissen, das kannst du glauben.

In allem, was du siehst

Anselm Grün

Die Erde ist eine Blume, die die Schönheit des Himmels in sich trägt, die den Himmel über uns öffnet. Wenn du dieses Wort in dein Herz fallen lässt, dann verändert es deine Augen. Du wirst mit einem anderen Blick auf diese Erde schauen.

Wir brauchen nur zu staunen vor dem, was in der Schöpfung um uns herum ist. Wir brauchen nur zu beobachten, was wir sehen, und die Tiefe von dem erspüren, was wir schauen. Dann spüren wir die Lust, dann geht sie von der Schöpfung in uns über, dann nehmen wir nicht nur den Frühlingswind wahr, sondern werden von ihm zur Lust auf dem Grund unseres Herzens geführt. Dann brechen wir auf zu einer kraftvollen Lebensfreude.

Achtsamkeit im Augenblick, das ist mehr als nur eine Übung der Konzentration, es ist der Weg zum Glück. Es braucht nicht viel zum Glück. Es braucht nur die Achtsamkeit. Wenn wir dankbar sind für das, was wir wahrnehmen, dann sind allein die gesunden Augen schon eine Quelle des Glücks. Täglich dürfen unsere Augen wunderbare Dinge sehen. Aber es braucht die Übung der Achtsamkeit, damit wir die Wunder auch bewusst wahrnehmen, die sich uns täglich zeigen: das Wunder einer Rose, das Wunder eines Berges, das Wunder eines Käfers, der unseren Weg kreuzt, das Wunder eines menschlichen Antlitzes.

Der Höhepunkt deines Erlebens ist in den Dingen, die dich umgeben. In der Wiese vor deinem Haus. In der Blume auf deinem Schreibtisch. In der Musik, die du hörst. In der Stille, die du dir gönnst. Die Schönheit ist schon vorhanden. Du musst sie nur wahrnehmen.

Nur wenn du mit dem Herzen siehst, begegnest du in der Blume der Schönheit ihres Schöpfers und im Baum deiner eignen Sehnsucht, fest verwurzelt zu sein in einem tieferen Grund. Nur wenn du mit dem Herzen siehst, empfindest du beim Anblick eines Baumes die Sehnsucht, so in deine Gestalt hineinzuwachsen und so aufzublühen, dass andere in deinem Schatten Geborgenheit und in deiner Nähe Trost finden. Nur das Herz sieht in allem die Spuren jener letzten Wirklichkeit und Gewissheit, die dich aus dem Antlitz jedes Menschen und aus jedem Stein und jedem Grashalm anblickt, um dir zu sagen: »Du bist geliebt. Die Liebe umgibt dich in allem, was du siehst.«

Schweigen können

Kurt Tucholsky

Wir lagen auf der Wiese und baumelten mit der Seele.

Der Himmel war weiß gefleckt; wenn man von der Sonne recht schön angebraten war, kam eine Wolke, ein leichter Wind lief daher, und es wurde ein wenig kühl. Ein Hund trottete über das Gras, dahinten. »Was ist das für einer?«, fragte ich. »Das ist ein Bulldackel«, sagte die Prinzessin. Und dann ließen wir wieder den Wind über uns hingehen und sagten gar nichts. Das ist schön, mit jemand schweigen zu können.

Anhang

Quellenverzeichnis

Alle Quellentexte sind, wenn nicht anders angegeben, im Verlag Herder, Freiburg im Breisgau, erschienen. © Verlag Herder GmbH, Freiburg im Breisgau

Katharina Barth-Duran, 40 Tage mit meiner Königin, 2022

Johann Wolfgang von Goethe, Faust, Werke, Hamburger Ausgabe, Bd. 3, München, Beck 1982

Anselm Grün, 33 Helferengel, 2022

Anselm Grün, Im Wandel wachsen, 2022

Anselm Grün, Jeder Tag ein Weg zum Glück, 2021

Anselm Grün, Vom Glück der Gelassenheit, 2022

Burkhard Heidenberger, Blütezeiten, 2022

Momo Heiß, Das Feuer und der Kolibri, 2021

Ludwig Hölty, Gedichte, Karlsruhe, Schmieder 1784

Susanne Niemeyer, 100 Experimente mit Gott, 2018

Susanne Niemeyer, Soviel du brauchst, 2021

Wolfgang Öxler, Haltestellen für die Seele, 2021

Rainer Maria Rilke, Erste Gedichte, Sämtliche Werke, Bd. 1, Frankfurt am Main, Insel 1975

Joachim Ringelnatz, Flugzeuggedanken. Das Gesamtwerk in sieben Bänden, Bd. 1, Zürich, Diogenes 1994

Johann Roth, Wie eine Tasse Tee, 2017

Nina Ruge, Sonne für die Seele. Meine toskanischen Momente, 2022

Heinrich Seidel, Glockenspiel, Leipzig, Liebeskind 1893

Kurt Tucholsky, Schloss Gripsholm, Gesammelte Werke in zehn Bänden, Bd. 9, Reinbek bei Hamburg, Rowohlt 1975

Beatrice von Weizsäcker/Norbert Roth, Haltepunkte, 2021

Martin Werlen, Raus aus dem Schneckenhaus, 2020

Heiner Wilmer, Trägt, 2020

Zhuang Zi, Vom Nichtwissen, 2019

Teresa Zukic/Jalid Sehouli, Himmel im Mund, 2022

Textnachweise

S. 14: Hölty, Gedichte, 132

S. 15: Grün, Im Wandel wachsen, 146

S. 16: Niemeyer, Soviel du brauchst, 28f

S. 20: Berliner Tageblatt 1924

S. 22: Ruge, Sonne für die Seele, 19

S. 25: Heidenberger, Blütezeiten, 69f

S. 28: Heiß, Das Feuer und der Kolibri, 20–24

S. 32: Ringelnatz, Flugzeuggedanken, 363f

S. 36: Seidel, Glockenspiel, 153

S. 37: Grün, 33 Helferengel, 16f

S. 40: Heiß, Das Feuer und der Kolibri, 83–89

S. 46: Niemeyer, 100 Experimente mit Gott, 66

S. 48: Wilmer, Trägt, 22–25

S. 54: Zukic/Sehouli, Himmel im Mund, 135–137

S. 64: Goethe, Faust, 10

S. 65: Grün, 33 Helferengel, 68–70

S. 69: Werlen, Raus aus dem Schneckenhaus, 23

S. 71: Öxler, Haltestellen für die Seele, 146–148

S. 75: Johann Roth, Wie eine Tasse Tee, 118–121

S. 80: Heidenberger, Blütezeiten, 113–115

S. 84: Zhuang Zi, Vom Nichtwissen, 61

S. 85: Grün, Im Wandel wachsen, 8–11

S. 92: Rilke, Erste Gedichte, 126

S. 93: Öxler, Haltestellen für die Seele, 88f

S. 96: Barth-Duran, 40 Tage mit meiner Königin, 41f

S. 99: Grün, Vom Glück der Gelassenheit, 42

S. 100: Niemeyer, 100 Experimente mit Gott, 69

S. 102: Weizsäcker/Roth, Haltepunkte, 220–223

S. 108: Weizsäcker/Roth, Haltepunkte, 47–49

S. 112: Grün, Jeder Tag ein Weg zum Glück, 31–33

S. 115: Tucholsky, Schloss Gripsholm, 25

Verzeichnis der Autorinnen und Autoren

Katharina Barth-Duran, geb. 1956, ist eine engagierte Kirchenfrau zwischen Haupt- und Ehrenamt, zwischen Familie und Gemeinde. Sie wirkt als Pastoralreferentin im Beerdigungsdienst, in der Frauen-Seelsorge, in Supervision und im Coaching der Erzdiözese Freiburg und als Referentin. Sie lebt in Schwaigern bei Heilbronn. Bei Herder: »40 Tage mit meiner Königin. Aufstehen zum Leben – Ein spiritueller Weg« (2022).

Johann Wolfgang von Goethe, 1749–1832, gilt als einer der bedeutendsten Dichter deutscher Sprache.

Anselm Grün, geb. 1945, Dr. theol., Benediktiner und Verwalter der Abtei Münsterschwarzach; geistlicher Berater, Begleiter und weltweit populärster christlicher Autor unserer Tage. Seine Bücher zur Spiritualität und Lebenskunst haben Millionenauflagen erreicht. Zuletzt bei Herder u.a.: »Im Wandel wachsen. Wie wir freier, authentischer, gelassener und hoffnungsvoller werden können. Im Internet: www.einfach-leben-brief.de

Burkhard Heidenberger ist gebürtiger Südtiroler und lebt mit seiner Familie in Wien. Er ist Trainer für Arbeitsmethodik, Stress- & Zeitmanagement sowie Gründer und Betreiber des ZEITBLÜTEN-Portals (www.zeitblueten.com), wo er Tipps und Impulse gibt und seine Erfahrungen rund um die Themen Entspannung, Wohlfühlen und Zeitmanagement mit den Lesern teilt. Zuletzt bei Herder: »Blütezeiten. Impulse für Entspannung und Lebensfreude« (2022).

Momo Heiß, Musikerin und Autorin, setzt sich auf vielfältige Weise für die Kunst des freien mündlichen Erzählens ein. Mit ihren mitreißenden Geschichten bespielt sie die verschiedensten Bühnen und begleitet unter dem Schwerpunkt »Freies Erzählen« Seminare zum Thema Selbst- und Naturerfahrung. Bei Herder zusammen mit Yani Wang: »Das Feuer und der Kolibri. Geschichten, die beflügeln« (2021).

Arnold Höllriegel, 1883–1939, eigentlich Richard Arnold Bermann, österreichischer Journalist und Schriftsteller.

Ludwig Hölty, 1748–1776, deutscher Dichter im Umfeld des Hainbunds.

Susanne Niemeyer, geb. 1972, ist freie Autorin, Kolumnistin und Bloggerin (www.freudenwort.de). Vorher war sie viele Jahre Redakteurin bei »Andere Zeiten«. Auf ihren kreativen Schreibreisen nach Schweden, Mallorca oder in die Alpen sammelt sie neue Ideen und inspiriert andere dazu, eigene Geschichten zu schreiben. Von ihrem Fenster im dritten Stock sieht sie den Hamburger Himmel. Zuletzt bei Herder: »Siehst du mich? Auf der Suche nach Gott« (2021).

Wolfgang Öxler, geb. 1957, ist 1980 in den Benediktinerorden von St. Ottilien eingetreten, seit 1988 Priester und seit 2013 Erzabt von St. Ottilien. Der Leitspruch des Diplomtheologen und Musikers lautet: »Gottesvoll den Menschen nah.« Zuletzt bei Herder zusammen mit Andrea Göppel: »Freie Räume für mehr Leben. Der Seele Weite geben« (2022).

Rainer Maria Rilke, 1875–1926, ist einer der größten deutsch-sprachigen Autoren am Anfang des 20. Jahrhunderts. Bei Herder: »Geschichten vom lieben Gott« (2021).

Joachim Ringelnatz, 1883–1934, eigentlich Hans Gustav Bötticher, deutscher Schriftsteller, Kabarettist und Maler, der vor allem für humoristische Gedichte um die Kunstfigur Kuttel Daddeldu bekannt ist.

Johann Roth, geb. 1951, lebt nach langen Jahren als Übersetzer und Privatgelehrter nun mit Frau, zwei Katzen und fünf Heidschnucken in einem kleinen Dorf auf dem Hunsrück. Bei Herder: »Wie eine große Tasse Tee. Geschichten, die das Herz erwärmen« (2017).

Norbert Roth, geb. 1973, Dr. theol., ist Musiker, Psychologe und Theologe. Derzeit wirkt er als Pfarrer der Evangelisch-Lutherischen Kirchengemeinde St. Matthäus in München (Bischofskirche) und ist in verschiedenen evangelischen Gremien vertreten. Bekannt ist er auch durch seine Beiträge für den BR, Antenne Bayern u. a. Bei Herder zusammen mit Beatrice von Weizsäcker: »Haltepunkte. Gott ist seltsam, und das ist gut« (2021).

Nina Ruge ist studierte Biologin und Journalistin. Sie moderiert regelmäßig Kongresse und Podiumsdiskussionen zu Themen aus Forschung und Wissenschaft. Aus Nachrichtensendungen und erfolgreichen Formaten wie »Leute heute« ist Nina Ruge einem großen Publikum bekannt. Sie ist Autorin mehrerer populärwissenschaftlicher Bücher. Zuletzt bei Herder: »Sonne für die Seele. Meine toskanischen Momente« (2022).

Heinrich Seidel, 1842–1906, war Ingenieur und Schriftsteller. Sein bekanntestes Werk ist das Buch »Leberecht Hühnchen«.

Kurt Tucholsky, 1890–1935, war einer der scharfsinnigsten Beobachter der Weimarer Republik. Als politisch engagierter Journalist erwies er sich als schriftstellerisches Multitalent.

Beatrice von Weizsäcker, geb. 1958, Dr. jur., ist Juristin und Publizistin. Seit 2003 lebt sie als freie Autorin in München. Sie spricht und schreibt regelmäßig für den Bayerischen Rundfunk und evangelisch.de. Weizsäcker, langjähriges Präsidiumsmitglied des evangelischen und des ökumenischen Kirchentags, trat Anfang 2020 zum katholischen Glauben über. Bei Herder zusammen mit Norbert Roth: »Haltepunkte. Gott ist seltsam, und das ist gut« (2021).

Martin Werlen OSB, geb. 1962, Mönch des Klosters Einsiedeln, er wirkte dort als Novizenmeister und Gymnasiallehrer. Von 2001 bis 2013 war er der 58. Abt des Klosters und Mitglied der Schweizer Bischofskonferenz. Seit August 2020 ist er Verantwortlicher der zum Kloster gehörenden Propstei St. Gerold in Vorarlberg (Österreich). Zuletzt bei Herder: »Raus aus dem Schneckenhaus! Nur wer draußen ist, kann drinnen sein« (2020).

Heiner Wilmer SCJ, Dr. theol., geb. 1961, 1987 zum Priester geweiht, 1993-2007 Lehrer, Schulseelsorger, Schulleiter, davon einige Zeit in der Bronx in New York; seit 2007 Provinzial der Herz-Jesu-Priester in Deutschland. Von 2015-2018 war er Ordensgeneral der Leiter der Herz-Jesu-Priester (Dehonianer) weltweit, bevor er 2018 zum Bischof von Hildesheim ernannt wurde. Zuletzt bei Herder: »Trägt. Die Kunst, Hoffnung und Liebe zu glauben« (2020) und »Mose. Wüstenlektionen zum Aufbrechen« (2022).

Schwester Teresa Zukic, geb. 1964, ist Mitbegründerin der »Kleinen Kommunität der Geschwister Jesu« und eine der bekanntesten Ordensschwestern Deutschlands. Sie ist eine gefragte Rednerin und Autorin von Bestsellern wie »Die Seele braucht mehr als Pflaster« (Herder 2017). Als sie 2020 an Krebs erkrankte, entschied sie sich dafür, in den Sozialen Medien offen über die Höhen und Tiefen ihrer Erkrankung zu berichten. Zuletzt bei Herder zusammen mit Jalid Sehouli: »Himmel im Mund. Heilsamer Genuss für mehr Lebensfreude - Mit Rezepten und Gesundheitstipps« (2022).

Zhuang Zi, ca. 365–290 v. Chr., chinesischer Philosoph und Dichter. Bei Herder: »Vom Nichtwissen«. Ausgewählt und übersetzt von Wolfgang Kubin (2013).

Umschlaggestaltung: Verlag Herder

Umschlagmotiv: © Ledyx/shutterstock

Vignetten im Innenteil: © Melok/shutterstock

Satz: Arnold & Domnick, Leipzig

Herstellung: GGP Media GmbH, Pößneck

Printed in Germany

ISBN 978-3-451-39273-3

Auf ins Leben!

160 Seiten I Gebunden
ISBN 978-3-451-38488-2

Eine Schriftstellerin sitzt eines Abends auf dem Sofa und stellt
fest: Die Neugier ist weg. Also macht sie sich auf die Suche.
Sie wird fündig im Sesamstraßen-Sound ihrer Kindheit, in den
Fragen ihrer Jugend zwischen Dr. Sommer und Gott und an
ihrem Schreibtisch, an dem sie jeden Morgen mit einem weißen
Blatt Papier den Tag beginnt.
Dieses Buch ist das Logbuch einer Entdeckungsreise und eine
Liebeserklärung an die Neugier, mal warmherzig, mal poetisch.

In jeder Buchhandlung!

HERDER

www.herder.de

Alles wird gut!

48 Seiten | Gebunden
ISBN 978-3-451-03329-2

»Alles wird gut!« lautete die bekannte magische Formel von
Nina Ruge, bis heute behält sie ihre Strahlkraft, nie war das
Mantra wichtiger als jetzt. Die Journalistin und Erfolgsautorin
nimmt uns mit auf eine ganz persönliche Reise – an Orte, an
denen sie selbst die Seele auftanken, neue Kraft schöpfen
kann. 21 Achtsamkeitsmeditationen für den Alltag, die ermu-
tigen, sich auf eine innere Reise zu begeben. Mit stimmungs-
vollen Bildern aus der Toskana – der Gegend, in der Nina Ruges
zweites Ich zu Hause ist.

In jeder Buchhandlung!

HERDER

www.herder.de